大众文化价值论

——以伦理学为视角

贾雪丽 / 著

中央编译出版社
Central Compilation & Translation Press

图书在版编目（CIP）数据

大众文化价值论：以伦理学为视角／贾雪丽著．北京：中央编译出版社，2017.2

ISBN 978-7-5117-3204-0

Ⅰ.①大… Ⅱ.①贾… Ⅲ.①群众文化-伦理学-研究-中国 Ⅳ.①G249.2-05

中国版本图书馆 CIP 数据核字（2016）第 309899 号

大众文化价值论：以伦理学为视角

出 版 人：	葛海彦
出版统筹：	贾宇琰
责任编辑：	王丽芳
责任印制：	尹 珺
出版发行：	中央编译出版社
地 址：	北京西城区车公庄大街乙 5 号鸿儒大厦 B 座（100044）
电 话：	（010）52612345（总编室） （010）52612349（编辑室）
	（010）52612316（发行部） （010）52612317（网络销售）
	（010）52612346（馆配部） （010）55626985（读者服务部）
传 真：	（010）66515838
经 销：	全国新华书店
印 刷：	北京时捷印刷有限公司
开 本：	787 毫米×1092 毫米 1/16
字 数：	177 千字
印 张：	15.5
版 次：	2017 年 2 月第 1 版第 1 次印刷
定 价：	58.00 元
网 址：	www.cctphome.com 邮 箱：cctp@cctphome.com
新浪微博：	@中央编译出版社 微 信：中央编译出版社（ID：cctphome）
淘宝店铺：	中央编译出版社直销店（http：//shop108367160.taobao.com）

凡有印装质量问题，本社负责调换。电话：（010）55626985

目 录

序 言 ………………………………………………………… 1

第一章 绪 论

一、大众文化的相关理论 ………………………………………… 2
  （一）法兰克福学派的大众文化批判理论 …………………… 2
  （二）伯明翰学派的文化主义 ………………………………… 3
  （三）大众文化的后现代理论 ………………………………… 5
二、研究意义及方法 ……………………………………………… 7
  （一）研究的理论价值 ………………………………………… 7
  （二）研究的实践意义 ………………………………………… 9
  （三）研究方法 ……………………………………………… 11

第二章 大众文化概论

一、大众文化的内涵 …………………………………………… 14
  （一）文化的定义 …………………………………………… 14
  （二）文化大众的内涵 ……………………………………… 20
  （三）大众文化的内涵 ……………………………………… 25
二、大众文化的基本内容 ……………………………………… 29
  （一）大众文化产生的历史背景 …………………………… 30

（二）大众文化的主要特征 …………………………………… 39
　　（三）大众文化的类型及其社会功能 …………………………… 46
三、大众文化中的主要道德问题 …………………………………… 49
　　（一）大众文化中的人性问题 …………………………………… 50
　　（二）大众文化中的道德价值问题 ……………………………… 54
　　（三）大众文化中的社会责任问题 ……………………………… 58

第三章　大众文化诸类型伦理分析

一、流行文学的伦理分析 …………………………………………… 64
　　（一）流行文学的大众文化特征 ………………………………… 64
　　（二）流行文学的审美理性与伦理价值转向 …………………… 68
二、大众影视文化的伦理分析 ……………………………………… 72
　　（一）大众影视文化的大众文化特征 …………………………… 73
　　（二）大众影视文化的伦理功能 ………………………………… 77
　　（三）大众影视文化的伦理困境 ………………………………… 80
三、流行音乐的伦理分析 …………………………………………… 83
　　（一）流行音乐的大众文化特征 ………………………………… 84
　　（二）流行音乐的德育功能 ……………………………………… 87
　　（三）流行音乐的伦理困境 ……………………………………… 91
四、广告文化的伦理分析 …………………………………………… 95
　　（一）广告文化的大众文化特征及功能 ………………………… 95
　　（二）广告文化中的道德失范现象 ……………………………… 99
　　（三）广告伦理的形成 …………………………………………… 102
五、网络大众文化的伦理分析 ……………………………………… 105
　　（一）网络文化的大众文化特征 ………………………………… 107

（二）网络大众文化中的道德失范现象……………………… 110
　（三）网络伦理的形成………………………………………… 113

第四章　大众文化与现代、后现代伦理思潮

一、现代、后现代与后现代伦理思潮………………………………… 117
　（一）现代主义的兴起………………………………………… 118
　（二）后现代主义的兴起……………………………………… 120
　（三）后现代主义的主要特征………………………………… 125
　（四）后现代伦理思潮的主要内容…………………………… 127

二、后现代大众文化与后现代伦理观………………………………… 130
　（一）后现代大众文化概述…………………………………… 130
　（二）后现代伦理观及其主要特征…………………………… 135

三、现代、后现代伦理思潮对大众文化的影响……………………… 139
　（一）价值多元主义伦理观对大众文化的影响……………… 139
　（二）个人主义伦理观对大众文化的影响…………………… 143
　（三）自由主义伦理观对大众文化的影响…………………… 147
　（四）享乐主义伦理观对大众文化的影响…………………… 150
　（五）消费主义伦理观对大众文化的影响…………………… 154
　（六）境遇主义伦理观对大众文化的影响…………………… 158

第五章　当代中国大众文化的伦理诉求

一、当代中国大众文化现状…………………………………………… 163
　（一）当代中国大众文化的产生背景………………………… 164
　（二）当代中国大众文化的特征……………………………… 169
　（三）当代中国大众文化的伦理分析………………………… 173

二、后现代伦理思想对当代中国大众文化的影响 ………… 178
 （一）当代中国大众文化的现代、后现代特征 ………… 178
 （二）中国传统伦理观的消解 ………… 182
 （三）社会核心价值观遭遇挑战 ………… 184

三、大众文化对当代中国社会道德建设的影响 ………… 188
 （一）大众文化的道德功能 ………… 188
 （二）大众文化在中国道德建设中的积极作用 ………… 191
 （三）大众文化对中国道德建设的消极影响 ………… 195

第六章　核心价值观引领下的当代中国大众文化

一、当代中国大众文化的伦理取向与价值引领 ………… 199
 （一）当代中国大众文化建构的伦理取向 ………… 200
 （二）社会主义核心价值观的科学引领 ………… 203

二、构建当代中国大众文化的方法和路径 ………… 206
 （一）确立主流文化的主导地位 ………… 206
 （二）继承和发扬中华民族优秀传统文化 ………… 209
 （三）提高社会大众的审美情趣和道德素质 ………… 211
 （四）增强文化工作者的道德责任感 ………… 213
 （五）积极发挥大众传媒的社会伦理导向功能 ………… 215
 （六）加强大众文化中伦理导向机制建设 ………… 218

参考文献 ………… 223
后　　记 ………… 237

序　言

　　大众文化已成当代中国社会最引人注目的文化现象之一。大众文化在当代中国的普遍流行，对中国传统文化以及中国社会的道德生活和道德教育已产生了各种影响。当代中国大众文化的产生和发展，为伦理学研究提供了丰富的理论资源，也给我们提出了许多新的时代课题。

　　文艺是时代前进的号角，最能代表一个时代的风貌和引领一个时代的风气。习近平总书记2014年在文艺座谈会上的讲话中指出："伟大事业需要伟大精神。实现这个伟大事业，文艺的作用不可替代，文艺工作者大有可为。"越来越多的文艺、文化工作者自觉遵守"以人民为中心"的创作原则，努力创作有思想、有深度、有温度、接地气的文化作品。但时下部分文化作品创作中也存在着"商业化生产""快餐式消费"等问题，文化作品也出现了有"高原"缺"高峰"的现象。尤其是在多元社会思潮影响下，也有人提出"零度写作""拒绝崇高"等价值祛魅的口号，在大众文化作品创作和传播方面，给社会带来一些价值错位是非不明等方面的消极影响。

　　贾雪丽同志的《大众文化价值论——以伦理学为视角》一书是在博士论文基础上修改充实而成的。这一选题表现了作者对社会大众文化的关切，也体现了伦理学特有的现实关照。大众文化是一个与社会道德生活关联度极高的问题，研究该选题既具理论价值，更具现实意义。在写作过程中，作者努力占有大量资料，积极思考研究，形成独到见解。在博士毕业后的工作过程中，贾雪丽同志继续思考、探索这一课题，对论著不断进行修改和完善，相关研究成果也不断见诸各种核心期刊。

我们说"道德是一种实践精神，是把握世界的特殊方式"。伦理学作为一门研究社会道德现象的价值应然学科，理应对大众文化的相关问题进行伦理学角度的分析和研究。由于大众文化本身的多样性复杂性，学界对大众文化多限于某一现象或某一种类型的研究，从伦理学角度对大众文化进行系统分析的著述相对缺弱。这种状况相当于伦理学理论和实践发展以及社会现实需要而言，还存在较大差距。

本书坚持以社会主义文化和社会主义道德价值为导向，坚持用马克思主义伦理学基本观点和立场对大众文化进行理论分析和探索，一方面有利于推进当代中国伦理学界对大众文化研究的深化，另一方面对大众文化进行系统的伦理审视，也有助于理论界对大众文化的伦理价值做出相对全面的判断和把握。此外，后现代伦理思潮伴随后现代主义在世界范围内扩展开来，几乎对所有学科都产生了这样那样的影响。由于后现代伦理思潮本身的复杂性，我国伦理学界对这方面的研究还比较少。而大众文化作为工业社会及后工业社会的主要文化形态之一，深受后现代伦理思想的影响。从一定意义上说，大众文化所表现出来的反传统、反权威、反社会普遍价值和反永恒价值等特征，其实质也是对后现代伦理思想的某种体现。本书在后现代伦理思潮对大众文化的影响方面做了专门梳理和探讨，在一定程度上有助于理论界对后现代伦理思潮与大众文化之间的关系做出认知和研判。

马克思说："问题就是时代的口号。"从伦理学的角度对大众文化进行系统研究，是当代中国进行道德教育和构建当代中国伦理文化的客观需要。本书以社会主义核心价值观为引领，从伦理学的角度对当代中国大众文化的现状和存在的问题，以及当代中国大众文化的建构进行了审视和对策探讨。

总之，本论著主题明确、资料翔实，论述清晰并富有逻辑，其中不乏问题意识和独到思考。尽管书中对某些问题的分析还有待深化，对个别问题的论述还值得商榷，但作为年轻学者的阶段成果，本书还是具有一定学术价值和现实意义的。

葛晨虹
2016 年 12 月于中国人民大学

第一章 绪 论

　　大众文化作为当今世界最重要的文化现象之一，它已渗透到大众日常生活的各个层面，潜移默化地影响着人们的道德情感、道德观念，也塑造着社会文化及其价值取向。伴随世界全球化趋势的加剧和中国市场经济的迅速发展，大众文化日益成为当代中国社会发展重要的组成部分。大众文化在当代中国的普遍流行，影响甚至改变了中国传统的文化形态和伦理观念，对中国社会的道德生活和道德教育也产生了重要影响。因此，当代中国大众文化的产生和发展改变着社会，为伦理学研究提供着丰富的理论资源，同时也给我们提出了许多新的时代课题。由于大众文化本身的复杂性，学界对大众文化更多限于某一文化现象或某一文化类型的研究，直接从伦理学的角度对大众文化进行系统分析的著述并不多见。这种状况与伦理学理论和实践发展的要求相比，存有很大的差距。本书拟从伦理学角度对大众文化进行相对系统的审视分析，为推动伦理学界对这一问题的更多关注和理论深化做出一些积极的努力，从而为正确认识把握大众文化的道德价值，发挥大众文化的道德教化功能，以及社会文化的真善美的发展，提供一定的理论支持和实践指导。

一、大众文化的相关理论

大众文化是伴随工业化和城市化产生的一种新型文化形态。大众文化的发展进程中，西方文化理论界对其进行了深入的探讨和研究，形成了特征鲜明的大众文化研究流派。其中，比较有代表性的包括：西方马克思主义的法兰克福学派倡导的大众文化批判理论，这一理论为大众文化研究奠定了理论基石，代表人物为本雅明、霍克海默、阿尔多诺等；英国新马克思主义伯明翰学派的文化主义理论，这一理论为当代大众文化研究提供了理论范式，代表人物为雷蒙·威廉姆斯、霍尔、汤普森等；大众文化的后现代理论，这一理论为大众文化研究拓展了理论研究论域，代表人物为费斯克、杰姆逊、布尔迪厄、波德里亚等。

（一）法兰克福学派的大众文化批判理论

以法兰克福学派为代表的大众文化批判理论产生于20世纪20年代，兴盛于20世纪40至60年代，"文化工业"理论是其理论核心。法兰克福学派认为："与文化工业一词相应的文化形态就是大众文化，文化工业与大众文化是相互依存的，文化工业是大众文化的生产体系，大众文化是文化工业的最终产品。"[①] 在发达工业社会中，文化产业是晚期资本主义科技理性战胜价值理性的产物，是技术理性或工具理性的逻辑延伸和展开。文化工业使文化艺术与技术、市场经济相结合，使文化艺术产品成为商品。围绕文化工业给大众社

---

① 姜华：《大众文化理论的后现代转向》，人民出版社2006年版，第58页。

会带来的危害和大众文化对人的消极影响，法兰克福学派的学者们对大众文化进行了透彻而深刻的批判。他们认为，文化产品的商品化与标准化消解了艺术作品的审美性、超越性以及个性化等特征，大众文化产品展现出来的外在多样性仅仅是对其本质内容模式化和标准化的无力掩盖。

同时，文化工业对大众的思想观念、行为习惯和生活方式具有强大的操纵性和欺骗性。文化工业迎合市场和大众的需要，向消费者兜售无深度、无个性、无思想的文化作品，使人们满足于享乐和虚假的"幸福感"中而无法自拔。而且，文化工业通过强大的科技理性、大规模的工业生产和无处不在的大众传播媒介，控制着大众的消费需求和消费行为。学者们还认为，资本主义文化工业包含着资产阶级的意识形态要素。资本家通过大众文化麻痹大众，消除人们对现实的不满，使人们安于无思想、平面化的生活现状。总之，法兰克福学派对大众文化的批判，对于人的精神自由的积极追求以及对艺术创造自由本性的充分肯定，为当代大众文化研究奠定了坚实的理论基础。但是，以法兰克福学派为代表的大众文化批判理论，由于其立足于文化精英主义，过分强调文化工业对大众的欺骗性和控制性，忽视了大众文化本身的批判性和创造性特征，因而具有一定的局限性。

（二）伯明翰学派的文化主义

伯明翰学派的文化主义产生于20世纪60年代，是晚期资本主义消费社会日臻成熟和大众革命意识淡化的产物。伯明翰学派的文化主义理论为当代大众文化研究提供了理论范式，代表人物为雷蒙·威廉姆斯、霍尔、汤普森等。文化主义以早期英国的伯明翰文化研究中心为主体,强调日常生活研究,关注工人阶级的日常生活和普通大众的审美趣味,"强调文化在社会生活中的独特地位和功能,倡导与现代大众传媒密切相关、与精英文化截然相异的大众文化,批判资本主义主流意识形态的压迫性、虚伪性和欺骗性,抵抗并规避占统治地位的官方意识形态的权力运作,弘扬并建构少数者话语的大众文化文本和阅听人受众主体"①。文化主义学派的学者对文化的内涵进行了重新的界定。他们认为文化是一种由物质、知识与精神共同构成的日常生活方式,包含着某种生活方式的共同的意义和价值。大众文化指的是人民大众的文化,是大众日常生活方式的表达,具有很强的娱乐性、生动性、参与性以及抵抗性。伯明翰学派突破以往文化学派的精英主义文化观,充分认识到了文化受众在大众文化文本接受和解读过程中的创造性作用。

这样,伯明翰学派的文化研究使文化不再是圣殿中无法触及的高雅之物,而是由下至上产生,且能够被广大的文化大众所享受的文化形态。他们通过模糊甚至消弭精英文化和大众文化、雅文化和俗文化之间的诸多界限,构建了由媒介文化、女性文化、青年亚文化、种族文化、地域文化、消费文化、影视文化等多学科所组成的新型学科领域和研究范式。人们通过这一范式重新认识自我,了解自我,改善人生观、价值观和审美观,进而引导文化的基本走向。可见,伯明翰学派的文化主义对日常生活的研究和对工人阶级现实需要的关注,充分肯定了大众文化在社会生活中的积极意义和文化受众在文本解读过程中的能动性,为大众文化研究提供了新的视角。

---

① 刘自雄、闫玉刚:《大众文化通论》,中国广播电视出版社2007年版,第145页。

（三）大众文化的后现代理论

20世纪60年代以后，西方资本主义社会进入后工业时期，也称后现代时期。与后现代社会的后现代主义相伴随，大众文化逐渐向后现代转向。伴随着后现代社会的到来和后现代主义理论的发展，后现代文化成为了一种世界性文化现象，它"不仅表现在各种哲学、社会科学著作中，而且也表现在各种大众传播活动和日常生活方式中，形成了一种与其他文化不同的对世界和对人生的体验方式、认知方式，代表了不同的价值观念和审美观念"①。后现代文化作为工业文明的产物，包含着后现代大众文化和后现代主义文化两部分。其中，后现代大众文化是指好莱坞式的商业电影、肥皂剧、电视脱口秀、通俗小说、时尚杂志，以及各种社会新闻、娱乐报刊、明星传记、生活导刊，甚至包括各种亚文化形式，如卡拉ok、时装表演、网络游戏、休闲度假等。而后现代主义文化既包括由后结构主义、新阐释学、女权主义、意识形态批评、消费社会等构成的后现代解构主义理论，也包括各种自省的或"元叙事"的艺术品和准艺术品。因此，后现代大众文化是一种大众性的、世俗的、肤浅的文化，后现代主义文化则是一种精英知识分子掌握的哲学性文化；后现代大众文化是一种消费文化，后现代主义文化则是一种解构与建构并存的文化；后现代大众文化作为后现代商品社会的表现形态，而后现代主义文化则是对后现代文化在哲学领域进行价值反思所形成的体系。

---

① 蔡尚伟：《影视传播与大众文化——文化工业时代的影视方法论》，四川大学出版社2005年版，第34页。

大众文化的后现代理论是后现代主义理论在文化领域的重要表现。尤其是20世纪80年代以后，大众文化的后现代理论得到了显著的发展，大众文化的后现代理论也分成了多个流派。以费斯克为代表的大众文化理论家对大众文化持积极乐观的肯定态度，而以贝尔、鲍德里亚、杰姆逊为代表的一类思想家却对大众文化持否定的态度。费斯克的大众文化理论吸收了法兰克福学派的大众文化理论、福柯的后现代主义以及英国文化研究学派等的理论资源，积极站在大众一边，认为大众文化是人民参与并创造的，作为文化消费者的大众完全有能力和可能通过解码功能，促使文化产品转化为自身的想要的形态。他在1998年出版的《理解大众文化》一书中提出："大众文化是大众在文化工业的产品与日常生活的交界面上创造出来的。大众文化是大众创造的，而不是加在大众身上的；它产生于内部或底层，而不是来自上方。"[①] 费斯克的大众文化理论对大众文化的运作方式和传播方式进行了新的解读，为大众文化研究开辟了新的视角。与积极肯定的大众文化后现代理论不同，很多理论家对大众文化进行了猛烈的批评。这些理论家看到了后现代社会的大众文化与后现代主义有着惊人的相似点。它们解构深度和崇高，坚持肤浅和平面化；消解神圣感、使命感和责任感，坚持世俗梦想和游戏人生。因而，这些理论家认为大众文化是一种反审美、反神圣、反严肃的文化，它为人们提供的只是一种感官上的、瞬时的娱乐消遣，暂时的缓解人们身心上的疲惫，而不是从根本上解决大众的心理和精神上的痛苦。

---

① ［美］约翰·费斯克：《理解大众文化》，王晓珏、宋伟杰译，中央编译出版社2001年版，第25页。

总之，大众文化理论是理论界对大众社会现状的认识和理论总结，大众社会的不断发展为大众文化理论研究提供了更为广阔的研究空间，大众文化理论的发展也为大众社会的不断进步提供了理论和实践上的借鉴。

二、研究意义及方法

大众文化是在发达工业社会和后工业社会伴随文化产业化而产生的一种新型文化形态，它以现代大众传媒技术为传播媒介，按商品市场规律运作，旨在使大众获得感性愉悦，并实现着现代大众的多元多样化的个性意识和主体能动性。大众文化作为一种现代文明背景下成长起来的文化形态，蕴含着丰富的道德内涵和伦理价值，在愉悦丰富社会大众文化需要的同时，也改变着人们的生活方式，承担着塑造社会道德风尚和道德教化的社会功能，具有产生的必然性和存在的合理性。而大众文化本身所存在的道德价值理性缺失问题，以及在传播过程中给整个社会所带来的负面效应也引起了人们的担忧。在这种情况下，从伦理学的角度对大众文化进行系统的理论把握，给予大众文化科学的评析和合理的价值定位，不仅具有重要的理论价值，也具有重要的实践意义，同时也要遵循科学合理的研究方法。

（一）研究的理论价值

首先，对大众文化进行伦理视角的审视，有助于推进当代中国伦理学界对大众文化研究的深化。我们看到，当代中国学界较多侧重于从文化审美的角度对大众文化的类型、风格和传播方式等方面进行分析和概括，而对大众文化进行伦理分析和判断的研究相对较少，尤其是从伦理学的角度对大众文化进行系统研究的著述尚不多见。国内学界对大众文化研究的著述中，影响较大的包括：李陀主编的《当代大众文化批评丛书》，周宪著的《中国当代审美文化研究》，陆扬著的《大众文化与传媒》和《大众文化理论》，陶东风著的《社会理论视野中的文学与文化》等。国外对大众文化进行的研究较早，较有代表性的理论著作包括：德国文化理论家阿多诺的《文化工业：作为大众欺骗的启蒙》，德国文化学家霍克海默和阿多诺合著的《启蒙辩证法》，英国文化理论家费瑟斯通著的《消费文化与后现代主义》、法国文化学家鲍德里亚著的《消费社会》和美国学者马尔库塞的《单向度的人》等。

目前对大众文化的研究多在文化、艺术、哲学领域，相对来说，伦理学界这方面研究还处于比较薄弱的环节。伦理学作为一门研究社会道德现象的应然学科，理应对大众文化的相关问题进行伦理学角度的分析和研究。"道德是一种特殊的规范调节方式，是通过社会舆论、传统习俗和内心信念维系并发挥作用的行为原则、规范的总和"。正是从这个意义上，我们说"道德是一种实践精神，是把握世界的特殊方式"。因此，伦理学作为一门实践学科，其理论来源于社会大众的道德生活实践，是对社会现实道德问题的应然性总结。本书从伦理学的角度对大众文化所作的理论分析和探索，将有助于推进当代中国伦理学界对大众文化研究的深化。同时，大众文化中的道德相关因素也将为伦理学的理论研究提供一定的文化资源。

其次，对大众文化进行系统的伦理审视，有助于理论界对大众文化的伦理价值做出相对全面的判断和把握。本书对大众文化及当代中国大众文化的根源、特征、现实状况和相关道德问题进行了比较系统的梳理和概括，进而对大众文化以及当代中国大众文化的道德内涵、道德功能和道德失范现象的本质作了一定的分析。另外，后现代伦理思潮伴随后现代主义思想在世界范围内扩展开来，几乎对所有学科都产生了重要影响。但由于后现代伦理思潮本身的复杂性，我国伦理学界针对这方面的研究还比较少。大众文化作为工业社会及后工业社会的主要文化形态之一，深受后现代伦理思想的影响。从一定意义上说，大众文化所表现出来的反传统、反权威、反社会普遍价值和反永恒价值等特征，其实质也是对后现代伦理思想的某种体现。本文在后现代伦理思潮对大众文化的影响方面作了专门梳理和探讨，在一定程度上将有助于理论界对后现代伦理思潮与大众文化之间的密切关系做出正确认识。

理论研究的最终目的是为了服务实践。本书最后部分针对当代中国大众文化的现状和存在的问题，从伦理学的角度进行了相关对策性的探讨。期望本研究，在一定程度上对我国理论界在和谐伦理文化构建的研究方面，在对大众文化积极作用和消极影响作出全面把握方面，在精英文化、主流文化和大众文化和谐发展研究中，提供一些有价值的理论思考。

（二）研究的实践意义

首先，从伦理学的角度对大众文化进行研究，是当代中国社会道德教育的客观需要。大众文化的崛起，既是当代中国传统伦理文化向娱乐文化的转型，也是从传统文化以道德教化为目的的文化创作向文化产业化的转型。当代中国大众文化推动了中国社会文化平民化的进程，也为当代中国的道德教育提供了多样的传播媒介和教育方式。大众文化作为一种文化形态，承担着道德教化和道德规范的社会功能。也就是说，作为当代大众生活方式中的重要方面，对社会大众的文化素质、价值品味和道德诉求，也发挥着重要影响作用。

大众文化虽然蕴含着丰富的道德内涵，体现了一定的道德情感和道德理想，但由于它对商业价值的过分追求，使得大众文化的很多作品表现出平面化、无深度和媚俗化的特征。很多大众文化作品对人以及人性的关注更多的停留于感性层面而缺乏对生命价值的理性思考，导致中国传统伦理观和主流价值观对社会大众尤其是青少年的道德规范和价值引导作用被消解，给当代中国和谐伦理文化建设带来诸多消极影响。大众是文化接受的主体，也是文化创造的主体。但大众的审美文化水平和道德情感并不是天生的，而是后天熏染教化而成的。就中国当代大众文化现状看，许多文化作品中存在着远离甚至拒绝道德理性追求的取向，对人生的调侃和游戏态度代替了严肃和意义的思考，在"我是一个俗人"的身份定位中，道德虚无主义随着大众文化的普及影响着大众的普遍文化心态。大众文化无论怎样通俗和"纯娱乐"，事实上都在向大众潜移默化地渗透着一定审美和伦理的情感，灌输一定的价值取向和人生态度。因此，必须从伦理学的角度对大众文化进行系统的分析和探讨，对大众文化做整体把握和理性思考，一定程度上有助于规避大众文化低俗化取向，规避大众文化对中华传统美德文化的消解和对主流价值观的游离甚至排斥，从而充分发挥大众文化的社会道德教化功能。

其次，从伦理学的角度对大众文化进行研究，是构建当代中国和谐伦理文化的客观需要。如何借鉴运用大众文化特有的传播方式和表现形式，如何使精英文化、主流文化和大众文化有机地衔接相融，构建当代中国和谐社会文化，是我们必须思考和研究的时代课题。大众文化作为消闲和娱乐功能的载体，也不能放弃社会道德教化的责任。大众文化的流行性、商业性、复制性等特征，在很大程度上消解了文化作品的神圣性、精英性等特征，冲破了文化享用上的精英思想，促进了文化的大众化。但大众文化的这些特征也容易使大众文化成为一种平庸的、无深度的文化。流行文化求新、求变、追求标新立异，无固定的模式，容易割裂大众文化对传统文化传承的同时，也割裂了与精英文化讲究理性、追求"真""善""美"等终极价值或人类永恒的精神追求的联系。因此，给大众文化注入应有的传统文化和人文价值理性的精神内容，使其与主流文化、精英文化更好地结合起来，发挥它在社会和谐文化建设中的作用，也发挥好其提升大众审美情趣和培育道德理性的作用。总之，在当代中国社会主义和谐文化发展中，精英文化、主流文化应该承担引领社会文化品味和价值方向的任务，大众文化应以社会主义核心价值观为导向，提高自身的文化品位；当然，精英文化、主流文化也应借助大众文化媒体或形式，寻求在现代文化背景下更生动、更广泛的表现方式和传播空间。

（三）研究方法

科学理论研究的实践证明，任何研究都是在正确方法论的指导下进行的。大众文化作为当今时代最复杂的文化现象之一，从伦理学的角度对其进行系统的分析和研究，必须选择和运用合适的研究方法。虽然伦理学科特有的应然价值分析视角和方法贯通本书，但同时也要注意运用其他若干重要研究方法。

第一，唯物史观的方法

唯物史观的方法是哲学社会科学研究的最根本方法。大众文化作为一种文化类型，是市场经济繁荣、现代科技进步、社会民主发展和社会传统伦理文化进步等各要素共同发生作用的产物。这就要求我们在对大众文化进行伦理学研究的过程中，要充分认识大众文化产生的现实基础和历史背景。事实表明，大众文化具有教化功能的同时，也对社会存在尤其是社会道德文化体系的健康发展有着这样那样的影响。此外，大众文化的产生和发展经历了不同的发展阶段，这就意味着我们不可避免的要对大众文化的发展历程进行考察。无论是哪个方面的研究，都必须坚持唯物史观的研究方法。

第二，个案研究与综合研究相结合的方法

现实生活中，大众文化体现为多样的类型和个别的现象。选取具有典型性的大众文化类型和具有代表性的个案，从其所具备的大众文化特征入手，考察其蕴含的伦理价值、承担的道德功能以及在发展过程中遇到的道德困境，探寻这些问题产生的根源并试图提出相应的解决对策。对大众文化的类型或现象进行个案研究，其目的是为了在伦理学的视野中从整体上对大众文化进行系统的把握，并试图寻找到大众文化作为整体在发展过程中遇到的共同道德问题，进而提出相应的道德指导原则，这就需要采取个案研究和综合分析相结合的方法。

第三，系统论的分析方法

系统论方法是指用系统的观点研究和改造客观对象的方法，要求人们从整体的观点出发，全面地分析系统中各要素以及系统滋生与他系统之间的关系。现代社会，系统论的研究方法不仅是进行科学研究的重要方法，也为解决现代社会中的政治、经济、军事、科学、文化等方面的各种复杂问题提供了方法论的基础。因此，大众文化作为内容复杂、形式多样的文化系统，从伦理学的视角对其进行分析和研究，就需要运用系统论的分析方法。

第四，比较研究的方法

比较研究的方法是现代科学研究中使用范围广泛的一种方法，也是本选题研究过程中不可或缺的一种重要方法。运用比较研究的方法，从伦理学的角度对大众文化进行分析，包括纵向比较和横向比较两个方面。其中，纵向是从时间的角度对大众文化不同时代所表现出的特征进行比较；横向比较则是从空间上比较不同大众文化类型的伦理价值、道德功能和伦理困境。在比较研究中把握大众文化的特色和利弊，也在比较研究中发现中国当代大众文化的表现状态，给出对策性思路探讨和建议。

第五，多学科综合研究的方法

从伦理学的角度对大众文化进行系统研究，心理学、社会学、文化学、教育学等其他社会科学中的许多具体方法是值得借鉴的，本选题将综合运用这些学科的相关方法。其中，文化学和心理学的一些理论和方法对本选题的研究具有重要的借鉴意义。大众文化作为现代社会文化系统中的重要组成部分，对其进行伦理学角度的分析，必然涉及文化学研究中的方法。社会大众作为大众文化的受众，其心理的变化和需求直接影响了大众文化的发展方向，这就意味着对大众文化进行伦理学的研究需要运用社会心理学的相关方法。

上述可见，对大众文化进行伦理分析和对策性研究，既是提高国民文化素质、审美情趣和道德素质的需要，也是进行社会伦理文化和道德建设的需要，更是构建当代中国和谐文化的客观需要。

第二章　大众文化概论

从概念界定出发，对研究对象和问题展开多层次、多角度的说明和论述，是社会科学研究的常用方法，伦理学视野中的大众文化研究也不例外。大众文化是一种非常复杂的社会文化形态，要从伦理学的视角对其进行审视和分析，概念界定必然是首要任务。本章将围绕大众文化的概念界定这一主题，从内涵、历史背景、相关理论及其基本内容等方面对大众文化进行界定。

一、大众文化的内涵

大众文化，因其自身内涵的丰富性和复杂性，在中国和西方文化理论界都是一个比较含混的概念。大多数学者认为，大众文化是工业化时代大众社会的产物，是一种新型的文化形态。其中，大众作为大众文化的接受者、传播者和创造者，是大众文化产生和发展的前提和基础。因此，分析和界定文化及文化大众势必成为分析大众文化内涵的关键。

（一）文化的定义

大众文化作为文化发展到现代社会的一种具体形态，不仅具有区别于历史上其他文化形态的自身特征，也有着文化所具备的基本内容。界定大众文化，首先就要厘清和把握文化的定义。文化作为人类社会发展的产物，有着悠久的历史和丰富的内涵。古今中外有关文化定义的论述，也纷繁复杂。

第一，中国传统的文化概念

古代汉语中，文和化最早是分开使用的，其涵义也与现今社会流行的"文化"概念差别甚远。中国古代典籍中，"文"字的本义是彩色交错。如《周易·系辞》云："物相杂，故曰文。"《礼记·乐记》云："五色成文而不乱。"由文字的原意引申，"文"逐渐包含了文字、文献、文章、文学之义。比如，《论语·子罕》曰："行有余力，则以学文。"《汉书·艺文志》曰："古制，书必同文，不知则阙。"紧接着，"文"的内涵也随社会文明的进步而不断深化和丰富，如《论语·雍也》曰："质胜文则野，文胜质则史，文质彬彬，然后君子。"这里的"文"字与"质""野"相对应，具有了精神修养、美德教育和人为教化的内涵，也是当代"文化"概念内涵的渊源所在。

"化"字的本义是指改变、变化，后来引申为消除。如，《周易》曰："男女构精，万物化生。"《韩非子·五蠹》中说："钻燧取火以化腥臊。"随着社会发展，"化"字逐渐引申出了教化，用教育感化的方法改变人心风俗的意思。王充在《论衡·佚文》中说："无益于国，无补于化。""化"字在此基础上，具有了伦理德行化成的意义。

"文""化"二字合用，始见于《周易·贲卦》："刚柔交错，天文也。文明以止，人文也。观乎天文，以察时变；关乎人文，以化成天下。"其中，天文是指自然界的客观规律，人文是指社会的人伦关系。治国者既要观察自然的运行规律，指导人们的农牧生产；又要清楚地把握社会的人伦秩序,通过文明礼仪规范人们的行为,使人际关系达到和谐。对自然规律的尊重,对人伦关系的调整,最终的目的就是要实现"天下"的和谐。

可见,"文""化"二字从最初开始连用,就具有了文明教化、道德修养的涵义。"文化"作为一个词组连用,且具有文治、教化之义,则出现在西汉刘向《说苑·指武》中,即:"圣人之治天下,先文德而后武力。凡武之兴,为不服也;文化不改,然后加诛。夫下愚不移,纯德之所不能化,而后武力加焉。""文化"与"武威","纯德"与"武力"相应提出,"文化"具有文德感化、道德教化之义。自此,文化一词多被用于这一含义。例如,南朝梁昭明太子萧统所谓"文化内辑,武功外悠"的说法及南齐王融在《三月三日曲水诗序》中写道:"设神理以景俗,敷文化以柔远。"

第二,西方文化概念的发展

在西方,文化(culture)一词源于欧洲,缘起拉丁语动词 colo,其本义是培育(cultivation)。因此,文化在拉丁语和中古英语中,通常表示"耕耘"的意思,主要用于表述与耕作、掘垦、居住、动植物培育等与物质生活相关的意义。16 世纪后期,文化开始被比喻性地用于精神的培养、性情的陶冶、品德教化等含义。18 世纪,德国启蒙主义思想家赫尔德尔在《人类历史哲学概要》一书中,将文化界定为三个方面:"首先,文化是一种社会生活模式,它的概念是个统一的、同质的概念,无论作为整体还是生活的方方面面,人的每一言每一行都成为'这一'文化无可置疑的组成部分。其二,文化总是一个'民族'的文化,用赫尔德尔的话说,它代表着一个民族的精华。其三,文化有明确的界限,文化作为一个区域的文化,它总是明显区别于其他领域的文化。"①

19世纪末,文化人类学研究在西方兴起,现代西方文化研究真正发展起来。人类学学者首先将"文化"一词作为学术概念来界定。被称为人类学之父的英国人类学家泰勒,在其1871年出版的《原始文化》一书中对文化概念进行了系统的阐述。泰勒在书中指出:"文化或者文明就是由作为社会成员的人所获得的,包括知识、信念、艺术、道德法则、法律、风俗以及其他能力和习惯的复杂整体。就对其可以做一般原理的研究意义上说,在不同社会中的文化条件是一个适于对人类思想和活动法则进行研究的主题。"②

20世纪中叶,美国人类学家阿尔弗雷德·克洛依伯(Alfred Kroeber)和克莱德·克勒克洪(Clyde Kluckhohn)出版了《文化:概念和定义批判分析》一书。作者在对百条文化定义进行解析的过程中,将文化的诸多定义纳入到了哲学、艺术、教育、心理、历史、人类学、社会学、生态学和生物学九个门类中。其中,从哲学的角度来看,西方很多哲学家将文化与个人心智发展联系起来,等同于哲学或心灵的培育;从艺术的角度看,文化除包含行为艺术、文学艺术、视觉艺术、环境艺术等多种艺术形式外,文化本身所具备的创新精神也同时是艺术创作的源泉;从教育的角度看,文化涵盖了一切教育和求知的形式;从心理学的角度看,文化是人们追求善和美的内心动力;从历史的角度看,文化是人类历史上创造的所有财富的积累;从人类学的角度看,文化是一个包含知识、信仰、艺术、道德、个人能力和习惯在内的复杂统一体;从社会学的角度看,文

---

① 陆扬:《大众文化理论》,复旦大学出版社2008年版,第7页。
② 马文·哈里斯:《文化人自然——普通人类学导引》,顾建光、高云霞译,浙江人民出版社1992年版,第136页。

化是社会共享的价值系统；从生态学和生物学的角度看，文化是人类和自然环境进行互补的象征关系。

除以上有代表性的西方文化理论外，西方很多学者还从文化哲学、文化批判的角度对文化的定义进行了探讨，其中以卡西尔、胡塞尔、海德格尔以及后来的福柯、德里达为代表。由于不同思想家的学识背景、理论立场不同，他们对于"文化"这一概念的界定也不尽相同。

第三，马克思理论中的文化概念

即便不同时代、不同学科的学者对文化的理解和界定有着很大的差别，但他们都一致认为，文化不是各类文化现象的简单拼凑，而是由人类创造，并为人类所特有的东西，天然具备属人的属性。马克思主义把文化的实质与人的发展作统一的理解，认为文化的实质即人化，"是人类在改造自然、社会和人本身的历史过程中，赋予物质和精神产品全部总和以及人的行为方式以人化的形式的特殊活动"。[①]

唯物史观是马克思主义理论的重要组成部分和方法论思想，其核心问题是生产力和生产关系以及经济基础与上层建筑之间的关系。马克思和恩格斯在论述唯物史观的过程中，较多地涉及文化方面的内容。马克思主义认为，文化的概念可以从狭义和广义两个角度来理解。广义上的文化即人化，它映现的是历史发展过程中人类的物质和精神力量所达到的程度、方式和广度。狭义的文化则特指社会意识形态为主要内容的观念体系，包括物质、精神、制度等人类所有的实践活动及其成果，并通过政治思想、道德、艺术、宗教、哲

[①] 肖前、黄楠森、陈晏清：《马克思主义哲学原理》，中国人民大学出版社1994年版，第685页。

学等意识形态来表达。

　　文化是人类在改造客观世界的实践活动中所展现出来的体现人的本质、力量、尺度的方面及其成果。马克思指出:"共产主义是人的本质的现实的生成,是人的本质对人说来的真正的实现,是人的本质作为某种现实的动心的实现。"① 这说明,文化是人类社会发展的产物,是人类本质力量的对象化和现实化,它贯穿于人类社会发展的始终,渗透在人类社会的一切方面。文化是自然的人化,一方面体现为人类从自身的需要出发对自然界的改造,即自然的人化、自然的文化化。随着人类社会的发展,文化也由低级向高级、由片面向全面发展。另一方面,文化则体现为人类自身的社会性改造,由人类所创造的文化,集聚并积淀为"社会遗传密码",又塑造着人类,形成特定时代的"文化人",从而推动社会自身的发展。马克思主义认为,"人正是在改造对象世界中,才真正地证明自己是类存在物。这种生产是人的能动的类生活。通过这种生产,自然界才表现为他的作品和他的现实"②。因此,文化是人类主体社会实践活动的产物,在一定意义上是人类社会关系的总和。

　　文化内容本身来源于客观世界,具有客观性。文化是人类社会实践活动的创造物,体现着人类自身的价值观念和理想追求,是人类通过全部感观以及记忆、回忆、联想、想象、推理、抽象等基本思维能力概括出来的对外部世界进行思维的肯定形式。通过这种思维肯定形式,人类把外部世界的存在物转化为自身的作品,转化为各种文化形式,进而创造满足自身需要的文化价值。同时,文化还具有一定的稳定性,并在社会历史的传承中内化为风俗习惯和民族

---

① 《马克思恩格斯全集》第 42 卷,人民出版社 1979 年版,第 175 页。
② 《马克思恩格斯全集》第 42 卷,人民出版社 1979 年版,第 97 页。

精神。随着时代的发展，文化概念的内涵和外延越来越丰富，且呈现出从精英走向大众，从高雅走向通俗，从神圣走向日常生活的发展趋势。大众文化作为文化发展到工业社会的产物，是现当代文化的重要组成部分。

（二）文化大众的内涵

大众作为大众文化的接受者，是大众文化产生、存在、发展的前提，如果没有大众或受众的存在及其对大众文化的要求，大众文化将无从谈起。因此，界定文化大众的科学内涵，必须要在了解中西文化大众发展史的基础上明确当代文化大众的内涵。

在我国传统话语体系中，"大众"主要是指民众或群众，其内涵与文化大众中的"大众"概念有着明显的差别。20世纪初的"五四"时期，中国的一批先进知识分子对文化大众这一概念进行了最早的论述。他们认为文学应该是"平民文学""民众文学"，文学应该从内容上反映老百姓的生活，在形式上采取老百姓更易于接受的形式。如周作人在《平民文学》中指出："平民文学是专做给平民看的，乃是研究平民生活、人的生活的文学。"[①] 毛泽东在评价这一运动时就曾指出："五四运动所进行的文化革命则是彻底地反对封建文化的运动，自有中国历史以来，还没有过这样伟大而彻底的文化革命。当时以反对旧道德提倡新道德、反对旧文学提倡新文学为文化革命的两大旗帜，立下了伟大的功劳。这个文化运动，当时还没有可能普及到工农群众中去。它提出的'平民文学'的口号，但是当时所谓的'平民'，实际上还只能限于城市小资产阶级和资产阶级

[①] 王爱松：《大众化与化大众》，载《南京大学学报》1996年第6期，第24—32页。

的知识分子，即所谓市民阶级的知识分子。"① 因此，"平民文学"中的大众没有将占中国绝大多数的劳动群众包括在内。

20世纪40年代，我国文化"大众"的内涵有了明确的界定。毛泽东在《在延安文艺座谈会上的讲话》一文中提出："什么是人民大众呢？最广大的人民，占全国人口的百分之九十以上的人民，是工人、农民、兵士和城市小资产阶级。""这四种人是中华民族的最大部分，就是最广大的人民群众。"② 虽然毛泽东的文化大众观具有强烈的政治和意识形态色彩，但他揭示了文化大众本身所具备的文化素质、文化需求、文化参与力和创造力，强调了文化大众是大众文艺、大众文化不断发展的不竭动力。我国现代意义上的大众产生于20世纪80至90年代，是伴随着中国改革开放和市场经济发展而逐渐产生的。尤其是20世纪90年代以后，中国社会经济迅猛发展，城市化进程加快以及外来文化大量涌入，导致中国大众的精神领域发生了巨大的变化。人们已经不再仅仅满足于最基本物质的需求，而是开始追求更高的精神享受。这也就势必带来传统的精英文化、经典文化世俗化以及大众文化的繁荣。

事实上，现代意义上的文化大众概念产生于19世纪的西方，是大众社会的产物。大众社会是指相对于西方传统社会而言的工业社会和后工业社会，是伴随着生产力迅速发展而出现的新型社会形态。19世纪中叶，科学技术的进步推动了资本主义经济的发展和城市化进程的加快。尤其是交通工具的发展，使得人口流动更加频繁，从

---

① 《新民主主义论》，见《毛泽东选集》第2卷，人民出版社1991年版，第700页。

② 《新民主主义论》，见《毛泽东选集》第2卷，人民出版社1991年版，第855—856页。

而进一步加快了城市人口的扩张速度和工业城镇的城市化。农村的大量劳动力不断涌入城市,成为产业工人。于是,不同素质的人逐渐聚集在一起,与原有的城市居民共同构成了新的城市社会。新的生存环境打破了依靠亲情关系、地缘关系建立起来的人际关系网,人与人之间逐渐变成了契约关系、合同关系。由于城市居民来自不同的地域,拥有着不同的教育、文化、心理背景,此时的城市居民生活显现出异质性的特征。与此同时,机器大工业的迅猛发展使得西方社会的物质产品日益丰富,物质财富大量增加,原来只有社会少数人能够享有的奢侈品,逐渐被社会的普通居民所享有。单纯的物质产品已经不能满足人们的需要,人们迫切需要一种文化形式来满足自身的精神需求,人们越来越希望自身成为社会文化生活的主体。大众社会的产生为真正意义上的文化大众或受众的产生奠定了基础。

大众社会是日益工业化、世俗化的社会,在这一社会形态中,"传统的宗教、政治和信仰不断衰落,各种偶像和以血统身份以及君权神授为合法性的世袭权威被普通群众的崛起所消解,精英的力量也逐日消退,而群众则成为社会不可忽视的力量,走上了历史舞台"①。可见,大众社会中的"大众"是一个与"精英"相对的历史概念,是西方现代大众社会的产物。正如英国文化学研究者阿兰·斯威伍德(Alan Swingewood)指出:"探寻大众社会这个概念的起源,必须上溯到19世纪后半叶,西欧资本主义所引发的快速工业化过程;当时,工业化带动了社会、政治和意识形态上的诸般条件,有利于现代阶级社会的形成,其社会基础已经不再是'人们'(peo-

---

① 贾明:《现代性语境中的大众文化》,上海人民出版社2007年版,第25页。

ple),而是'大众'。"① 在不同的历史时期,社会精英对大众或受众所持态度也大不相同。"在19世纪,麻烦产生于那些蜕化变质、不守规矩的贱民一旦涌进剧院,将会如何聚众滋事。在20世纪,忧虑的焦点在接受的危害性上,媒介信息如何可能使受众蜕化变质。19世纪批评家惧怕积极的受众,20世纪怕的却是他们的消极性。"② 整个19世纪,大众被精英理论家认为是依赖的、被动的、无助的,是容易被欺骗、收买和没有教养的人。尼采和法兰克福学派是持这种否定观点的代表。尼采从其"超人"哲学出发,将大众看作趣味低下、具有群体偏见且反复无常的庸人。法兰克福学派文化理论家则从大众文化的角度对文化大众进行了深刻的分析和批判。在他们看来,大众文化是资本主义文化异化或物化的产物,具有同一性、虚假性、复制性、极权性等特征。大众文化不是大众真正需要的文化,而是在资本主义"民主"掩饰下,统治阶级为大众精心构建的精神"社会水泥"。

在这种大众文化观下,文化大众缺乏自我意识和主动性,被迫接受资本主义的商品逻辑和极权意识形态,是精英文化理论家抨击的对象。与法兰克福学派相似,很多欧美近代的文化理论家也对文化大众持贬低和抨击的态度。这些理论家认为,工业化和城市化导致了大众的流动性、原子化和同质化。大众的流动性打破了传统的家庭结构和社区结构,传统的宗教信仰逐渐受到质疑,人们一直遵循的习俗和道德观念也在不断发生变化。它一方面导致个人在心理

---

① [英]阿兰·斯威伍德:《大众文化的神话》,冯建三译,生活·读书·新知三联书店2003年版,第3页。

② [美]理查德·布茨:《美国受众成长记》,王瀚东译,华夏出版社2007年版,第7页。

上与他人处于隔绝的状态，使得人与人之间的关系日益疏离，人与人成为互不相联的"孤独的人群"。另一方面则使大众的个性被资本主义商品逻辑消磨，大众个体之间不再存在质的差别，大众在整体上表现出一致性和相似性。如，美国学者梅尔文·德弗勒（Melvin Defleur）认为大众是同质性极高的人群集合体，赫伯特·马尔库塞（Herbert Marcuse）认为大众是"单向度的人"。

与上述文化精英理论家持否定、贬低文化大众的态度不同，美国学者约翰·费斯克认为大众是充满抵抗精神、积极性和能动性的大众。在他看来，大众是由被统治者在认识和理解社会效忠从属关系的过程中形成的，大众"乃由宰制的力量决定，也就是说，'大众'总是在其回应宰制力量的时候得以形成；但宰制者无法全盘控制大众所建构的意义，以及大众所形成的社会效忠从属关系。大众并不是无法抵抗意识形态体制下的无援无助的主体，也不是拥有自由意志、由生物学决定的个体；他们是一组变动的社会效忠从属关系，由社会行为人在某一块社会领地中形成，而这一社会领地之所以属于他们，是因为他们一直拒绝把该领地放弃给强权式的帝国主义。弱势者所赢得的任何空间，都是来之不易而且难以守成的，但他毕竟被赢得，也毕竟被守护着"①。由此看来，文化大众不再是简单意义上的弱者，而是自身文化领域的占有者和保卫者。文化大众在将社会主流文化主动纳入到自身文化领域的同时，也在不断创造和完善着自身的文化系统，并借助现代化的媒介手段积极、大规模的介入社会文化整体。

---

① ［美］约翰·费斯克：《理解大众文化》，王晓珏、宋伟杰译，中央编译出版社2006年版，第47页。

总之，不同的文化精英理论家从不同的立场出发，对文化大众的理解和界定也不尽相同。本书认为，文化大众是指产生于大众社会，具备文化接受和参与的独立性、能动性以及同质性特征，且主要由都市普通民众组成的社会集合体。

（三）大众文化的内涵

大众文化作为文化发展到大众社会的一种具体形态，拥有着丰富的内涵。无论是西方文化理论界还是中国学界，对于大众文化的内涵及大众文化概念的界定始终存在着争论。在中国，大众文化容易被理解为"群众文化"和"人民大众的文化"。对大众文化的这一理解来源于毛泽东同志在1942年发表的《在延安文艺座谈会上的讲话》一文。毛泽东在这篇文章中将"大众化"界定为"我们的文艺工作者的思想感情和工农兵大众的思想感情打成一片。而要打成一片，就应当认真学习群众的语言。如果连群众的语言都有许多不懂，还讲什么文艺创造呢"[①]。大众化要求文艺工作者尊重大众的语言，理解和运用大众的语言，并在此基础上与人民大众在感情上实现情感共鸣，为人民大众服务的同时也改造自身。在这个意义上，大众文化就是为最广大的人民群众服务的文化形态。虽然大众文化的这一界定具有一定的政治色彩和时代局限性，但是它充分肯定了大众文化是来源并服务于人民大众的生产和生活实践的。当然，现代意义上使用的大众文化概念主要源自西方，但随着社会的发展和进步，大众文化已经超越其政治属性而成为了一个中性概念。

---

① 毛泽东：《在延安文艺座谈会上的讲话》，见《毛泽东选集》第3卷，人民出版社1991年版，第851页。

在西方，大众文化概念对应的是"Mass Culture"和"Popular Culture"两种表述。Mass 一词在西方通常被用于指"群氓""乌合之众"，是对下层人和缺乏教养的人的称呼。Mass 与 Culture 连用是对文化大众及其文化的贬损。以霍克海默和阿多诺为代表的法兰克福学派是"Mass Culture"这一概念的倡导者，在这些理论家看来，资本主义条件下产生的大众文化已经成为对社会群体具有极大控制力的"文化工业"，整个世界在文化工业的过滤下逐渐被塑造成一个同一的、无个性的整体，社会个体也逐渐原子化。如，霍克海默、阿多诺指出："娱乐制造商知道，即使消费者心烦意乱，仍然会消费他们的产品，因为每一个产品都是巨大的经济机器的模型，这些经济机器无论是在工作的时候，还是在闲置的时候，都会像作品那样，为大众提供有力的支持。没有人会从每一个有声电影或每一个广播节目中推断出社会效果，但是社会效果却是为所有人共同分享的。"[①] 以法兰克福学派为代表的大众文化概念，突出了大众文化对人的个性的否定作用，他们对大众文化也同时持否定的态度。"Popular Culture"则是针对"Mass Culture"而提出的另一种对大众文化的表述。这一表述充分肯定了普通民众在大众文化中的积极作用，认为大众文化应该是一种为社会大多数民众所喜爱并且由普通民众创造的文化形态。英国伯明翰学派的雷蒙·威廉斯是持这一观点的突出代表。他认为："'大众'（popular）与其说是那些从民众（the people）中寻求恩惠或权力的观点来看的，不如说是从民众的观点来看的。但这种早期涵义并未死灭。大众文化（Popular Culture）不是由民众而是由其他人来确认的，并且它仍然包含两重

---

① ［德］霍克海默、阿多诺：《启蒙辩证法》，渠敬东、曹卫东译，上海人民出版社 2003 年版，第 142 页。

旧有含义：下等作品（与不同于通俗文学、通俗出版物的精致出版物相比较）；意在赢得青睐的产品（有别于民主杂志的那些通俗杂志和通俗娱乐节目）；也还有为很多人所喜欢的更现代的含义，当然在许多情况下与较早含义有重叠。大众文化的近期含义，是指民众为他们自己实际地制作的文化，这不同于所有那些含义。它经常被用来代替过去的民间文化（folk culture），但这也是现代强调的一种重要含义。"① "Mass Culture"和"Popular Culture"这两种用法各具合理性，在实际运用过程中也经常相互交叉、渗透。

由此可见，作为一种颇具争议性的文化现象，理论界对大众文化内涵的界定莫衷一是。那么，究竟应该如何来阐释大众文化的内涵呢？西方的许多文化理论家都对此进行了尝试。比如，以威廉斯为代表的大众文化理论家认为理解大众文化应该从三个方面的内容出发：一是大众文化的来源问题，即大众文化究竟是来自民众自身的情感和生活的表达，还是统治者强加于民众的社会控制力量；二是文化商品化和文化产业化对大众文化的影响问题，即衡量大众文化产品的真正尺度究竟是文化产品的艺术内涵，还是利润和市场；三是大众文化在社会中的功能问题，即大众文化究竟是统治阶级对大众进行价值观统治的工具，还是社会大众对现存秩序的叛逆和反抗，或者是二者兼具。回顾大众文化的理论发展史，我们可以发现，任何一个文化理论家对大众文化进行研究都不可能避开这三个问题，而对以上三个问题的不同回答则决定了理论家对大众文化所持的态度也不尽相同。英国文化研究理论家约翰·斯道雷将"Mass Culture"和"Popular Culture"观点进行了归纳总结和创新，提出了

---

① 王一川：《大众文化导论》，高等教育出版社2004年版，第7页。

大众文化的六种不同定义：1. 大众文化是一种受到广泛欢迎和众人喜爱的文化。这个定义强调了文化大众量的指标，即受到了多少人的认可，而非文化产品的质量和品质如何；2. 大众文化是一种剩余文化，是人们决定高雅文化后剩余的那部分文化，这一概念严格清楚的区分了大众文化与高雅文化的界限，却忽视了高雅文化与大众文化间的复杂交融关系；3. 大众文化是一种毫无希望的商业文化，它通过满足大量的消费而进行大批量的文化生产，其目的是赚取商业利润，而受众则是一群没有鉴别力的消费者。这一定义对大众文化持否定的态度，否定其积极的意义；4. 大众文化是来源于"人民"且为人民服务的文化，强调人民是现代资本主义内部象征性抗议的主要力量，是大众文化的主要创造者。这一定义肯定文化大众积极作用的同时，却回避了文化产生来源的性质问题；5. 大众文化是"社会被统治群体的反抗势力与社会统治集团的'兼并'势力之间的斗争的场所。这里使用的大众文化既非大众文化理论家们的强制文化，也非自下而上的自发对立的'人民'文化。更确切地说，它是两者交战的场所；如前面已经提到过，它是以反抗与兼并为标志的领域"①。这个定义源于葛兰西的"霸权"理论，尤其是葛兰西所称的"折中平衡"理论，即认为大众文化是两种文化斗争和交融渗透的领域；6. 大众文化是一种消弭了高雅文化和通俗文化差异的后现代主义文化。斯道雷对大众文化的界定既有合理性也有不足之处，但是，这些定义的提出为大众文化内涵的理解提供了可供参考的依据。通过这些定义，我们可以看出，大众文化是社会工业化和城市化的产物，是现代社会和后现代社会所特有的文化形态，其受

---

① ［英］约翰·斯道雷：《文化理论与通俗文化导论》，杨竹山、郭发勇、周辉译，南京大学出版社 2006 年版，第 11 页。

众为广大的社会民众。

本书认为,大众文化是指在发达工业社会和后工业社会伴随文化产业化而产生的新型文化形态,它以现代大众传媒技术为传播媒介,按商品市场规律运作,旨在使大众获得感性愉悦,并且融入大众生活,成为大众的一种日常生活方式。大众文化不仅内涵丰富,而且外延宽泛。我们日常生活中接触到的畅销书、流行杂志、流行音乐、流行时尚、电影、电视剧、广告等文化形态都是大众文化的重要组成部分。

大众文化作为人们生活方式、生活态度、生活需求的文化表达,蕴含着丰富的道德内涵和伦理价值,有着积极的道德功能。善与恶、正义与非正义、公正与偏私、诚实与欺骗,这些道德问题贯穿文化发展始终,大众文化也不例外。现实中的道德问题是大众文化作品取之不尽、用之不竭的生命源泉,正确的价值观引导又是大众文化不断发展完善的精神支柱,而大众文化又为弘扬善良、公平、正义等人类优秀的伦理精神提供了更有效的传播模式和更广阔的传播范围。但是,大众文化对经济利润和娱乐功能的过分追求,使其成为一种远离神圣、远离客观普遍性和远离永恒价值的无深度的、平面文化,这也导致了大众文化中的道德理性、伦理精神和道德关怀被不断削弱。因此,对大众文化进行伦理分析,就要求我们既要认识到大众文化的积极道德功能,也要对大众文化的消极伦理影响进行充分的分析。

二、大众文化的基本内容

大众文化是一个高度复合化的多元文化体,包含着丰富的内涵和外延。大众文化的这种丰富性和复杂性来源于其自身特有的科技、经济以及理论背景,并且在其多样的特征中得以表现。大众文化作为一种文化形态,必然承担文化所具备的娱乐休闲、道德教化以及价值导向等社会功能。因此,大众文化的历史背景、主要特征、类型、功能与大众文化的内涵共同构成了大众文化的基本内容。

(一) 大众文化产生的历史背景

在原始社会里,生产力水平较低,人与人之间是平等互助的关系,表现在文化方面即为主流文化与非主流文化、神圣文化与世俗文化作为统一的整体而存在。进入阶级社会后,伴随着社会政治、经济的发展,文化逐渐分化,形成了以平民百姓文化消费为主的民间文化形态和以统治阶级思想文化和话语体系为特征的精英文化形态。精英文化作为社会主流意识形态的文化表征,在社会中处于引领地位,而民间文化则始终是精英文化的附庸。随着科学技术的进步,20世纪的人类社会呈现出工业化、都市化、商品化、全球化的特征。尤其是20世纪四五十年代以后,市场经济、商品经济逐渐渗透到人类生活的各个层面。在这种情况下,传统的精英文化受到猛烈冲击,而以文化工业为特征、适应社会大众需求的大众文化则走上了历史的舞台。因此,大众文化是近现代政治、经济、科技、传媒等社会历史条件发展的综合性后果。

第一,市场(商品)经济的繁荣

大众文化是资本主义工业化和城市化进程所导致的必然后果,其运行和发展完全遵循了市场经济的运行机制。市场经济一方面为大众文化提供了文化受众、运行模式和发展空间等现实基础;另一方面也为大众文化的产生和发展提供了现实动力,它给人们提供了一种新的缓解生存压力和精神压力的生活方式,大众在放松身心的同时也张扬和表达了鲜明的个性。社会分工严密的工业生产需要大量的劳动力，这就必然导致城市人口的大规模集中。而市场经济优胜劣汰的竞争机制则加快了城市人口的流动性。19世纪，像英国、德国、美国这样资本主义工业发展迅速的国家，很多著名的工业城市人口就已经超过了百万。伴随城市化进程，城市文化呈现出融合性和多样性的特征。

另外，以竞争机制为核心的市场经济的发展，彻底改变了人与人、人与社会之间的关系。社会大众不再完全依附于统治阶级和宗教力量，而是能够独立的对自身的文化需要做出判断，从而塑造了社会大众的独立人格和主体意识。市场经济的发展，使得社会大众的物质生活比较富裕，个人获得了支付文化消费的经济能力。而且，市场经济的运行机制要求社会大众必须拥有一定可支配的闲暇时间，用于放松身心进而更好的投入资本主义再生产。资本主义社会教育的普及，使得社会大众具备了平等参与文化活动、表达生活感受的主体意识、知识素养等主观能力。这些因素直接导致了大众艺术市场的产生，尤其是市场经济也使许多艺术家开始意识到"自己完全可以摆脱贵族市场，结束与贵族的依附关系，不再扮演被豢养的角色，没有了直接的主人；不再直接面向贵族生产；而是面向无名的市场来生产，而且其得失成败完全取决于市场规则，出现了'为市场而艺术'"[①]的文化状况。

20世纪中后期，西方发达国家陆续进入后工业社会，社会重心也由传统的工业制造向以信息技术为核心的服务产业转变。20世纪70年代的石油危机，导致了第二次世界大战以后以市场为导向，以

---

① 刘自雄、闫玉刚：《大众文化通论》，中国广播电视出版社2007年版，第205页。

较低价格而非消费者多样需求作为竞争手段的福特主义被后福特主义①所代替。后福特主义以信息和通信技术为基础，坚持灵活的劳动关系和生产过程，将满足社会大众的个性化需求和提高大众的消费力作为生产目的和制约经济增长的关键，进而成为社会的主导。后福特主义的盛行使社会生产由大规模向小规模转变，由一元化模式向多元化模式转变。生产形态的转变必然带来文化模式的变化，这就使得社会大众的文化需求成为社会的文化主导。在后工业社会里，大众文化不断引入广告、网络等新兴的传媒手段，充分运用市场经济的运行机制，不断渗透到人们日常生活的方方面面，影响、引领大众生活的同时也成了大众的一种生活方式。总之，市场经济是大众文化产生和存在的前提，市场运行机制是大众文化发展的依据，离开市场经济这一特定的经济环境，大众文化将无从谈起。

第二，现代科技的进步

现代科技的发展和进步是大众文化产生的技术基础。大众文化作为一种文化形态之所以能够广泛传播，甚至在后工业社会成为人

---

① 这里所说的福特主义是指第二次产业革命之后，以美国福特公司为代表的福特主义生产方式，这种生产方式以市场为导向，以分工和专业化为基础，以较低的产品价格作为主要竞争手段，其特征为大规模生产、标准化产品、垂直型组织形式、刚性生产和寡头垄断式的生产结构。后福特主义是在二次世界大战后，福特主义不再适应企业发展需要的前提下产生的，它是指以满足消费者个性化需求为目的，以信息和通信技术为基础，具有相对灵活［弹性］的生产过程和劳动关系的生产模式。后福特主义区别于福特主义的主要特征为水平型组织形式、消费者主权论和弹性生产。与福特主义相比，后福特主义更加适应资本主义社会化大生产和自由竞争的需求，因而成为"二战"以后资本主义企业所采用的最主要的生产方式。

们的一种生活方式，完全依赖于现代科技的进步。大众文化与现代科技的结合首先体现在大众文化的产业化生产方式上。传统的文化形态基本上采用的都是手工式的、作坊式的生产，其传播范围和影响范围具有很大的局限性。即便是印刷术发明以后，文化生产因为价格偏高，仍然是为统治阶级和社会精英提供服务的工具，因而不可能形成相对独立的产业。而现代科技的进步及其广泛应用使文化产业的出现成为可能。现代化的科技手段使文化产品可以像所有的商品一样进行大规模的生产和复制，按市场规律进行销售。大众文化的产业化使其像其他工业产品一样可以进行无休止的重复生产和销售，进而渗透到人们的日常生活当中，成为人们日常生活的宰制力量。大众文化凭借这种高度复杂的文化工业生产和完善的市场运行机制，逐渐取代精英文化和传统民间文化而成为了现代社会尤其是后工业社会中最主要的文化形式。

大众文化与现代科技的结合在另一个方面体现为以电子传媒为载体的现代传播媒介被广泛用于大众文化的传播。文化传播手段是文化进步和发展的标志，不同的文化形态传播手段不同。文化的传播媒介经历了口语文化、印刷文化和电子媒介三个阶段。口语文化是最早的人类文化形态，多见于原始形态的地域文化和部落文化。印刷文化产生于文字和印刷术发明以后，尤其是印刷术的发明，拓展了书面文化传播的时间和空间。书面文化的大范围传播加强了民族间的文化交流和融合，保存了大量的民族文化瑰宝。但传统的书面文化传播技术在很长一段时间内掌握在少数统治者和社会知识分子手中，是社会统治阶层和精英阶层的文化特权，进而抑制了民间文化和通俗文化的传播和发展。以电子传媒为载体的现代传播媒介为大众文化提供了现代化的传播手段，使大众文化成为现代社会中影响范围最广、影响程度最深的文化形态。大众文化借助报纸、杂志、书籍、广播、电影、电视、录音、录像、网络，特别是微电子技术、卫星传送技术、光纤通信技术、光储存技术等现代化的传播手段几乎占据了大众生活的所有时间和空间，深刻影响和改变着人民的日常生活。与此同时，普通大众也成了大众文化的参与者和创造者，成为了文化的主体。因此，没有现代化科技的进步和发展，就没有现代社会大众文化的产生。

第三，民主政治的发展

世俗化、民主化是推动人类社会现代化的重要力量。从14世纪后期兴起的文艺复兴运动到17、18世纪以"自由、平等、博爱"为口号的启蒙运动，以及19世纪人类进化论的风行，都突出体现了新兴资产阶级在思想上的新探索和新追求，展现出了资产阶级自由主义的理性气质和追求民主的人文精神。资产阶级对民主自由的追求，同时也唤醒了底层民众的权利意识。普通民众在与资产阶级共同颠覆封建阶级统治的过程中，逐渐将资产阶级的自由民主精神内化为自身的主体意识，进而为底层大众追求自身的个性发展奠定了思想基础。另外，资产阶级的政权合法化进程也是中下层民众逐渐参与到国家政权决策的过程。下层民众日益成为了新兴资产阶级国家抑制封建个人专制、权力世袭等政治弊端的重要力量。在这一过程中，下层民众的利益得到了一定程度上的表达和保护。而且，伴随民主社会发展成长起来的一批下层知识分子，或成为资产阶级的组成成员，或成为市民大众的代言人。知识分子的分化开拓了社会民主化的空间，为社会的多元文化发展提供了可能。资本主义社会的民主化进程使得大众阶层的社会地位不断提高，大众的政治、文化需求逐渐被重视，大众第一次成为了人类历史舞台上的重要主体之一。

20世纪以来，资本主义社会进入市民社会阶段。市民社会"是指在现代市场经济的条件下，社会成员按照契约性规则，以自愿为前提、以自治为基础进行经济活动、社会活动、文化活动以及议政、参政活动的生存生活领域，它是社会成员生活的非官方公共领域"①。可见，市民社会是现代社会的主要表现形式，也是现代大众表达政治见解、文化需求和日常生活感受的最主要领域。现代民主政治是市民社会存在和发展的前提，它为大众文化的产生提供了广泛的文化受众人群、多样的传播手段和现代化的商业运行机制。

民主政治的发展一方面激发了市民大众的参政热情，另一方面也使大众开始更加关注自身的精神文化需求。文化的娱乐功能是人类文化产生的基础，尤其是生活节奏不断加快的市民社会，大众对娱乐、休闲的需求更加突出。现代社会中，大众希望通过购买和消费娱乐休闲来放松紧张的身心，忘记生活中和工作中的烦恼，不断地恢复体力和精力，从而以更好的状态投入到下一阶段的工作和学习当中去。而传统的精英文化由于其本身的意识形态性和宏大叙事性，则不再能够适应市民大众的快节奏生活和满足大众的需求，而逐渐被贴近大众日常生活的大众文化所取代。

第四，传统价值文化遭遇现代局限

早在18世纪后期，即资本主义社会工业革命以后，社会上逐渐出现了利己主义、个人主义、情感主义和契约论等伦理观，这些伦理观的日渐流行使传统的基督教道德体系在很大程度上遭遇到了严重挑战。19世纪初期以后，资本主义市场逐渐摆脱传统因

---

① 金民卿：《大众文化论——当代中国大众文化分析》，中共中央党校出版社2002年版，第39页。

素的限制，成为独立的调节机构。在资本主义市场经济条件下，每个人都为自身的利益行事，且必须遵循经济规律和市场法则。利润成为了一切活动的目的，人成为了利益的工具，人逐渐异化为"物"。在这种社会环境中，人们不再屈服于任何权威，但从另一种意义上，人却失去了个性和自我意识，失去了生活的真正意义。法兰克福学派的弗罗姆认为19世纪中叶以后的整个社会都是一个病态的社会。尤其是在第二次世界大战以后，这种情形愈演愈烈。通过两次残酷的世界大战，人们对生活和整个世界充满了恐惧，不安定感始终围绕在人们身边。在战后很长一段时间内，人们基本上都生活在对明天的担忧中。因此，他们逐渐开始重新审视自己的世界观和价值观，开始关注个人幸福和个人价值，追求即时行乐和个人享受。

人们在经济危机和社会危机的泥沼中痛苦挣扎，他们开始怀疑身边的一切，不再相信任何东西。人们失去了道德价值判断的依据和基础，认为一切都是虚无的。同时，人们由于失去了信仰数百年的精神依托——上帝，而变成失去了精神家园的孤儿，地球上出现了从未有过的日食和死一般的黑暗。就像尼采宣称"上帝死了"一样，人们寻找不到精神的出口，惶恐、郁闷、徘徊、失落、空虚、求新成为了社会的普遍心态。加缪对此总结道：人已经对自己的不朽感到彻底失望，被迫承认自己注定要死的命运，从而人就决定杀死上帝。现代人的悲剧就是从这一天开始的。

社会开始由理性社会转变为非理性社会，由道德主义逐渐走向非道德主义。虽然理性主义认为人是可以把握自身的，但物质文明的高度发达以及资产阶级社会的内部矛盾却在不断地证明，人是不可以用理性简单解释的。因此，现代哲学认为理论研究应该从理性转为非理性。在价值取向上，人们越来越强调个性化。人们普遍认为现实存在的只有个人，个人主义、功利主义成为时代的主题，而个人主义和功利主义的兴盛则必然给社会带来一系列的道德问题。尤其是当个人主义演变成极端利己主义的时候，人与人、人与自身之间的价值关怀将不复存在，人逐渐异化为"物"，成为"物"的奴隶。资产阶级初期主张的主体性和人道主义的光辉在利己主义的蚕食下逐渐黯淡，社会出现了道德沦丧。

与此同时，伦理学在价值观、善恶观、德性观以及人道主义等方面的研究也走入了困境。在价值观上，西方的伦理学研究从专注于神学价值观转向关注人本身的价值、个体的独立自主地位和自由平等精神。但在现实社会中，基督教仍然处于统治地位，其价值观依旧压制着人本身的自由发展。在善恶观念上，由于缺乏辩证的、历史的观点的指导，19世纪的西方伦理学家对于社会问题还不能做出合理的解释。他们的研究依旧局限于规范伦理学的范畴，这就使得每一个伦理学家都试图从基督教神学道德体系出发，为人们的行为提供一种强制的道德规范，告诉人们什么是善的，什么是恶的。而直觉主义、情感主义的发展却使人们对于基督教的善恶观产生了怀疑。在德性观上，人们逐渐意识到在基督教传统中被认为是美德的品质，在现代不一定是道德上的美德。美德与规则之间的关系发生了巨大的变化。在人道主义方面，现代西方社会的人道主义将人的幸福作为伦理学的核心，而传统的基督教伦理却将上帝看作世界的中心和人生的最终目的，人在基督教伦理中仅是实现神的意志的工具而已。总之，时代的变迁和人类思想的进步使得传统的基督教伦理观不再适应时代的发展和人们的需要，逐渐被新的伦理观所消解。

科技的迅速发展将现代社会推进到后现代阶段,社会价值和道德规范呈现出多元化的态势。"在规范的多元状态下(我们的时代是一个多元论的时代),对我们而言,道德选择(道德良知紧随其后)在本质上不可避免地是摇摆不定的(矛盾的)。我们的时代是一个强烈地感受到了道德模糊性的时代,这个时代给我们提供了以前从未享受过的选择自由,同时也把我们抛入了一种以前从未如此令人烦恼的不确定状态。我们怀念我们信任和依赖的向导,以便能够从肩上卸下一些为选择所负的责任。但是,我们可以被信赖的权威都被提出了质疑,似乎没有一种权威强大到能够为我们提供我们所追求的信任。最后,我们不相信任何权威:我们对任何宣布为绝对可靠的东西都表示怀疑。这就是刚才描述的'后现代道德危机'最强烈的、最广为人知的实践方面。"[①]

科技的进步、经济的发展、民主政治的完善、传统价值观的消解以及社会道德规范多元化促使了大众文化的产生,并使其逐渐成为工业社会尤其是后工业社会的主要文化形态。正如美国大众文化理论家约翰·菲斯克所论述的那样:"大众文化是由居于从属地位的人们为了从那些资源中获得自己的利益而创造出来的……是从内部和底层创造出来的,而不是像大众文化理论家所认为的那样是从外部和上层强加的。在社会控制之外始终存在着大众文化的某种因素,它避开了或对抗着霸权力量。大众文化始终是一种关于冲突的文化,它总是关涉到生产社会意义的斗争,这些意义是有利于从属者的,并非支配性意识形态所喜欢的那种,这场

---

① [英]齐格蒙特·鲍曼:《后现代伦理学》,张成岗译,江苏人民出版社2003年版,第24页。

斗争的胜利,不论如何的转瞬即逝或受到限制,总能创造出大众快乐,因为大众快乐始终是社会性的和政治性的。"①

(二) 大众文化的主要特征

大众文化产生于工业发达的现代社会,是资本主义政治、经济、科技、文化不断进步的产物。大众文化作为一种现代、后现代文化形式,既具备了构成文化形态的基本因素,也形成了时代所赋予的、区别于其他各类文化形态的基本特征。作为一种社会文化结构,商业性、通俗性、主体性、现代性、流行性、娱乐性和全球性共同构成了大众文化最主要的特征。

第一,商业性

大众文化是伴随市场经济和大众传媒的发展而产生的。与民间文化、通俗文化的自发性、集体性、非功利性特征不同,大众文化具有鲜明的商品属性和商业特征。首先,大众文化产品本身具备商品的属性。在市场经济条件下,文化产品的商品属性得到了确认,文化产品与市场中流通的其他商品一样,不仅有满足人们需要的使用价值,还具备作为商品得以流通的交换价值。文化产品的商品属性驱使生产者将文化产品推向市场,用以实现文化产品的交换价值和扩大再生产。大众文化产品是由现代文化产业制作出来用以供大众消费的商品,商品性必然成为其重要特征之一。其次,大众文化作为产生于现代市场经济时代的商业文化,其制作和运行完全遵循市场机制和商业规律。大众的精神需求是大众文化发展的原动力,

---

① [美] 约翰·菲斯克:《解读大众文化》,杨全强译,南京大学出版社2001年版,第2页。

市场经济的批量化生产和复制使民众文化需求的满足成为可能。大众文化的制作者通过运用市场机制和现代化的传播手段使这种可能成为现实。大众文化产品的生产和经营过程包括策划、物化生产、社会化流通、传播和消费，其各个运营环节都要讲求计算成本和收益，其根本目的是追逐利益的最大化。

大众文化的商业性特征使其成为现代社会市场经济的重要支柱性产业和推动市场经济发展的重要文化力量。大众文化所彰显的注重实际、讲求实效、追求实利的商业理念、商业精神，有利于把人们解放思想，冲破传统的"重义轻利""重本抑末""忧道不忧贫"等陈旧观念的束缚，为市场经济的发展和完善提供宽松和有利的人文环境。但是，大众文化对商业利益的过分注重，势必导致大众的口味和兴趣成为文化创作的出发点，从而使得文化产品呈现庸俗化、平面化的趋势。这一发展趋势使得大众文化所蕴含的伦理精神和道德价值逐渐丧失，其所承担的道德关怀、道德教化和道德规导等功能也呈现不断弱化的趋势。

第二，通俗性

大众文化是一种现代通俗文化，具有鲜明的通俗性。大众文化的通俗性主要表现为大众文化内容的浅显性、形式的轻松性和表达方式的多样性。与主流文化、精英文化不同，大众文化的内容更加贴近大众的现实生活，更加浅显易懂，也更容易引起大众的情感共鸣和认同。比如，在中国大陆引起很大反响的韩国家庭伦理剧，就是运用原生态的叙事语言和朴实的叙事手段，向观众讲述老百姓自己的故事。由于这些电视剧讲述的都是大众日常生活中的家庭琐事，这就使得观众在观看的过程中更易产生情感上的共鸣和心理上的认同。另外，大众文化在形式上突破了主流文化和精英文化的宏大叙事方式，采用了相对轻松和多样的表达方式。比如，作为大众文化重要组成部分的流行音乐，就是通过运用多样的曲风、简单的节奏和轻松的旋律，成为了大众追捧的对象。

大众文化的通俗性满足了社会大众对文化的多样性需求，突破了精英文化的沉重性，弥补了主流文化的单一性和枯燥性，从而吸引了众多社会大众的关注和参与。但是，对大众文化通俗性特征的过分关注，则会导致大众文化的媚俗性和平面性趋势加剧。大众文化的媚俗性表现为对部分大众低级审美趣味的追随，而平面性则表现为大众文化对文化产品的思想深度和道德内涵的消解。大众文化的媚俗性和平面性趋势的加剧必然会造成社会文化秩序的混乱和文化道德教化功能的削弱。

第三，主体性

大众文化的发展，使社会大众不再仅仅是文化的接受者，而成为文化的参与者和创造者，这就使得大众文化具有了一定的思想启蒙意义，呈现出鲜明的主体性特征。尤其是现代大众传媒的迅速发展，给大众提供了更加广阔的展示自我的空间。比如，网络大众文化的很大一部分创作者，就是普通的社会大众。社会大众通过聊天工具、博客、论坛等网络手段与其他人进行交流的过程，也是个人表达生活观点和进行大众文化作品创作的过程。还比如，伴随推特、脸书、微博、微信、秒拍等新兴媒体的普及，大众文化迎来了自媒体时代。在互联网上，每一个账号，都是一个小小的媒体和新闻制造中心。发帖、转微博、微信、评论……信息、观点、态度都汇入了互联网的比特之海。

大众文化的个体主体性特征在一定程度上解构了主流文化和精英文化的文化霸权，推动了社会的文化民主化和平民化进程，是个体自我意识不断觉醒的突出体现，为真正实现社会文化平等起到了至关重要的作用。但是，大众文化对文化大众主体性的过分高扬，则会在一定程度上导致社会大众越来越重视个体的物质享受和感官享乐，从而逐渐放弃对社会道德责任的承担。社会个体对自身道德责任的拒绝，一方面会使大众文化呈现出反普遍价值、反普遍客观性和非理性的特征；另一方面则会导致极端个人主义、道德虚无主义、享乐主义和消费主义等消极伦理观在社会中的泛滥，进而严重影响整个社会的道德进步和伦理秩序的完善。

第四，现代性

大众文化是现代工业社会和后工业社会的产物，具有突出的现代性特征。大众文化的现代性特征表现为对传统文化及其所蕴含的道德内涵和伦理价值某些方面的否定和反叛。随着时代的进步和发展，传统文化的很多方面已经不再适应社会需要，甚至在一定程度上成为了阻碍社会发展和进步的反动力量。大众文化的产生，一定程度上弥补了传统文化在现代社会的某些不足。比如，精英文化由于其本身内容、形式和传播方式的局限性，在很长一段时期内，只能被少数精英阶层所享用。大众文化却可以通过多种方式和途径走进大众生活，无论是街头的广告，还是美国的大片，只要你有时间和精力，你就可以随时随地充分享用。

大众文化产生于社会民主不断进步和个体主体性日益觉醒的工业社会，打破了传统社会精英文化和主流文化的文化霸权，在一定程度上满足了社会大众多样的文化需求。但如果对大众文化现代性特征过分张扬，就会导致大众文化呈现出碎片化的发展趋势。这种碎片化的趋势体现在大众文化作品中表现为对个体当下感受的追逐和文本历史感的消逝。这势必导致大众文化作为文化本身的历史传承性被严重消解,从而使其成为一种"无根的文化"。

第五,流行性

流行性是大众文化区别于传统文化形态的重要特征。现代科学技术的发展使文化作品的批量生产和复制成为现实,也使大众文化的普遍流行成为了可能。批量生产和复制技术使文化和艺术作品的制作成本降低,不同文化背景的大众都能够通过低廉的价格购买并享用文化产品,从而为大众文化的普遍流行奠定了基础。大众传播媒介的发展一方面为大众文化产品的流通和消费提供了重要的途径;另一方面也为大众文化的普遍流行拓展了传播领域和空间。这样,大众文化就可以借助电视、电影、手机、网络、广告等多种传媒手段制造流行时尚,引导大众消费,从而获得经济利益。尤其是消费文化盛行的20世纪后期,大众文化制造者为赚取更多的商业利益,不断创造和更新文化产品,不断的制造新时尚、引领新的流行趋势,并通过充分运用多元的大众传媒手段,吸引大众眼球,诱导大众消费。大众文化产品的迅速更新以及流行速度的加快最终导致时尚消费成为了一种即时的、一次性的快餐式消费。

大众文化的流行性在很大程度上消解了文化作品的神秘性、神圣性、唯一性等特征,冲破了文化享用上的霸权思想,促进了文化的大众化、平民化。但是,大众文化的流行性也使大众文化成为一种平庸的、无深度的文化。流行文化求新、求变、追求标新立异,无固定的模式,从而割裂了大众文化对于传统文化的传承。与此同时,大众文化的流行性强调的是满足人们当下的、即时的感官需求,必然将精英文化讲究道德理性、对"真""善""美"等终极价值的追求及其对人类发展的道德关怀拒斥于外，从而导致大众文化作品道德价值的缺失。

第六，感官娱乐性

感官娱乐性是大众文化的重要特征。追求个体的感官愉悦是大众文化的宗旨之一。传统社会中，娱乐是人类的一种精神需要，是人类对认识生命本质、提高生命质量的美好追求。人们在欣赏书画作品、阅读书籍、朗诵诗歌、观赏戏曲的过程中，得到美的享受和精神的愉悦。即便是流传于民间的各种通俗文化形态，其表达的核心也是劳动人民对真、善、美的歌颂和对幸福生活的追求，比如《诗经》中的很多内容表达的就是普通劳动人民对美好生活和真挚情感的向往。而在生存竞争日趋激烈，生活节奏日益加快的当代社会，消遣、娱乐、休闲已经成为人们日常生活的重要组成部分。尤其是在现代社会中，大众已经成为以个体为核心的松散群体。面对巨大的生活压力，大众更多需要的是文化享乐，而非精神超越。在高度专业化和分工日细的现代社会，富余的金钱已不再能使人改变他的社会角色，而大众文化因其本身的商业特征，却能被所有人购买和消费。人们通过购买大众文化产品，尝试各种刺激冒险的娱乐方式，暂时松弛一下自己紧张的身心，恢复体力和精力，暂时忘记自己的烦恼和痛苦，以便继续投入到社会工作和生活当中去。大众文化正是凭借轻松、快乐、无深度、平面化的特征使人们获得了感官上、精神上的欢愉，快速简易地缓解了精神上的压力。

大众文化的感官娱乐性在一定程度上缓解了社会压力给人带来的精神焦虑和身体疲倦，使大众在一定时间内获得了精神上的享受和相对的自由，为大众展示自我提供了一定的空间。但是，大众文化以满足大众当下的感官刺激和瞬间的心理满足为目的，以文化产品的商业价值为衡量标准,势必会忽视文化作品的审美价值、道德内涵和道德追求。同时,人们对感官快乐的过分追求,势必会使人们对人生的真正价值和意义产生怀疑,进而将人生的目的简单归结为感官享受和物质欲望的满足。享乐主义、物质主义、拜金主义和功利主义等腐朽人生观和价值观势必在大众中泛滥开来,给人类社会的健康发展带来巨大的危害。

第七,全球性

在市场经济体制普遍化和全球化趋势日渐明确的现实背景下,不同国家、不同民族、不同文化间的交流和碰撞日渐增多。大众文化因其本身的商业性、流行性、娱乐性等特征,在大众传媒手段扩展到全球的同时,必将在全球范围内广泛传播,全球性势必成为大众文化的又一重要特征。大众文化是产生于市场经济完善的西方资本主义社会,体现了资本主义社会的大众生活方式和价值观念。凭借雄厚的经济实力和先进的科技手段,西方发达国家的文化产业伴随贸易全球化向全世界强势扩张。尤其是作为世界上文化产业最发达和大众文化最盛行的美国,其大众文化拥有着强大的渗透力和影响力,深刻地影响着地球上绝大多数人的生活方式和消费模式。比如,据最新统计显示,在2015年上半年的中国电影票房收入中,中国国产电影份额占比不足百分之五十,而仅《速度与激情7》《复仇者联盟2》与《侏罗纪世界》3部好莱坞大片就占中国总票房的四分之一。

大众文化的全球性,推动了不同文化间的交流和融合,使不同民族在反复交往和相互碰撞中加强了对人类共同利益的认识,使各民族更加强烈和深刻的意识到人类应该作为一个整体来面对世界。但是,大众文化具有鲜明的资本主义特征,其在全球的传播,必然导致不同民族文化间的矛盾和冲突。与此同时,大众文化对道德理性和伦理价值观体系的消解,必然会对人们的道德理想和社会道德规范的完善带来消极的影响。

(三) 大众文化的类型及其社会功能

类型化趋势是文化发展的必然结果,大众文化作为文化发展到工业社会尤其是后工业社会的一种文化形态,包含着丰富的文化类型。不同的学者根据自身的研究需要,从不同的分类角度出发,将大众文化区分为不同的类型。其中,最主要的分类包括:从日常生活的角度出发,学者们将大众文化理解为一种现代生活方式,人们的衣文化、食文化、住文化、用文化、行文化就成为大众文化的具体类型;从大众文化的消费主体、传播媒介以及消费方式出发,学者们将大众文化区分为看、听、读、说、唱五个范畴,与之相对应的是诸如电影、电视、音乐等各种具体的大众文化类型。大众文化本身的复杂性导致学界对大众文化的类型进行科学划分存在着很大的困难。因此,理论家们大多对日常生活中比较普遍的某个或某几个大众文化领域进行了深入的探讨和论述。

大众文化作为一种社会文化形态,不但具有文化类型的多样性特征,也承载着文化的社会功能。文化社会功能的核心是对人的生活及人本身的影响。大众文化作为一种文化形式和生活方式,正渗透到人们生活的方方面面,深刻地影响着社会进步和发展。

第一,大众文化丰富了社会文化形式,从不同方面满足了社会大众的文化需求。大众文化打破了精英文化、主流文化主宰文化殿堂的景象,使现代文化系统呈现出精英文化、主流文化、民间通俗文化和大众文化并存的多元文化格局,为大众进行文化消费提供了广阔的选择空间。而且，大众文化本身就是一个非常复杂的结构系统，它几乎涵盖了大众日常生活的所有方面，诸如通俗文学、时尚杂志、电影、电视、流行音乐、广告艺术、网络文化等。人们可以从自己的经济实力和精神需求出发，选择不同的大众文化形态。然而，大众文化的多样性在满足不同的文化参与者的需求的同时，也导致了人们对于意义追求的不确定性。比如，部分大众文化作品为吸引更多的眼球，赚取更多的商业利润，使文化的艺术性、严肃性以及对人生终极意义的追求被轻松愉悦的文化消遣甚至是一些暴力、低俗的内容所代替，这势必使文化的育人、化人和价值引导功能被消解，人们对真善美等确定意义的终极追求也最终会被多样的、具体的、当下的享受和愉悦所替代。

第二，大众文化打破了文化霸权，推动了文化大众化。精英文化具有较强的排他性和局限性，参与和享用主体往往被限制于精英阶层或知识分子内部。而大众文化凭借其生动的内容、多样的表现形式、先进的传播手段以及低廉的价格，使社会各个阶层的人们都可以享受到文化的魅力。在大众文化中，文化大众也不再是单纯的被动接受者，而成为了直接参与者和创造者，这充分调动了人民大众的积极性和创造性。伴随文化大众群体范围的不断扩大，文化逐渐实现民主化、平等化，进而推动了社会民主化进程。大众文化打破了精英文化的沉重性，弥补了主流文化单调性，也为社会的文化普及、提高大众文化素质提供了借鉴。

第三，大众文化具有娱乐休闲的功能。娱乐性是大众文化的重要特征之一，它以简单、直接的影像符号使人们在低廉的消费中获得情感上的愉悦，它以轻松、日常的故事情节使人们在虚构的场景中实现理想、释放痛苦。人们在轻松愉悦的消遣中减轻了现实生活中的压力，消解了现实生活中的失意和不满，在大众文化影像虚构的美好世界中弥合了理想和现实的差距，对生活重新充满了信心和希望。但是，人们在大众文化创造的消遣中得到放松和自由的同时，也表现出"游戏人生"的生活态度和对现实生活的调侃；人们获得感官愉悦的同时，也逐渐忽视了对文化道德价值和道德责任的关注。这势必会导致大众文化对传统人生观和价值观的消解，使人们从"文化缺失"走向了"价值观缺失"和"道德缺失"。

第四，大众文化具有社会道德教育功能。大众文化是拉动市场经济发展的重要力量，它一方面通过消费文化、大众广告文化等形式改变大众的消费观念和消费方式，通过潜移默化的方式不断向人们灌输"以金钱为基础，以消费为手段，以享乐为目的"的生活方式，进而改变了人们的生活方式和人生态度，赚取更多的利润。另一方面，大众文化作为一种文化形式，也在向大众不断的渗透着某种伦理情感，灌输着一定的道德倾向和道德原则，具有一定的社会道德教育功能。比如，大众文化生动的表现形式和多样的传播方式，给社会道德教育提供了更多、更有效的途径和方式，改变了传统道德教育的说教方式，扩大了道德教育的受众范围和道德教育的效果。事实上，大众文化也不是一种孤立的文化形态，它在产生和发展的过程中也吸收了精英文化、主流文化和传统民间文化的优秀成果，并用新的表现形式和传播方式将这些优秀成果传达给大众。例如，大众文化通过电影、电视、音乐等生动形式对真、善、美的歌颂，通过大众传媒对正义、公平、公正的弘扬，使人们在更加鲜活的画面和情境中，获得更多的情感体验，培植善恶相生的道德良知。但是，大众文化宣扬的文化消费方式和生活模式同时会伴随拜金主义、享乐主义、物质主义等腐朽的价值观念肆意横行。因此，我们应该对大众文化的内容及其传播方式进行正确的引导，规避大众文化的消极影响，充分发挥大众文化在社会道德教育方面的积极作用。

可见，大众文化承载着重要的社会道德功能。它一方面丰富了现代社会的文化类型，打破了传统的文化霸权，推动了社会民主化进程；另一方面，大众文化具有很强的娱乐功能和道德教育功能，它采用生动的形式和多样的内容使受众在文化消费中获得精神上的消遣和道德上的教育，填补了世俗生活的感官和精神缺位。但是，大众文化是一把双刃剑，文化产品的类型及数量的过度膨胀，容易导致文化作品的艺术性和道德性的消失，文化的传承基础将不复存在，文化将成为无根的存在。而文化产品娱乐消遣功能的盲目扩张，又易导致大众对人类物质欲望的过度关注，从而消解大众的道德责任感，对人生意义和价值的正确认知和对人类终极价值的追求。尤其是大众文化对大众生活方式的改变，深刻解构了社会的传统价值观体系和道德规范体系。对大众文化的社会功能进行辩证的分析和论述，有助于加强我们对其本质的正确认识，从而有助于我们对其进行正确的规范和引导。

三、大众文化中的主要道德问题

大众文化凭借其娱乐性、流行性、参与性、低廉价格以及便捷的获取方式，迅速成为人们的日常生活中重要的文化形态之一。大众文化从大众的需要和商业利润出发，不断凸显自身娱乐性、游戏性的特征，极力淡化文化应有的道德理性、审美价值、思想深度、终极关怀等内涵，致使大众文化逐渐成为一种无深度的平面文化。但大众文化作为一种文化形态，也势必包含着深刻的道德内涵。道德问题渗透于人类生活的各个方面，作为人们日常生活表达的大众文化作品，无不包含着善与恶、正义与非正义、公正与偏私、诚实与虚伪等道德问题。其中，人性问题、道德价值问题以及道德责任问题是大众文化研究中最主要的三个伦理问题，也是所有的大众文化理论都无法回避的问题。

（一）大众文化中的人性问题

随着资本主义工业化进程的推进和文化工业的发展，文化与人性的关系日益表现为大众文化与人性之间的关系。大众文化关注人的自然属性，满足人的多样性需求，一定程度上弥合了人的感性与理性之间的距离。但是，由于大众文化强调个体感官享受和感情体验的享乐性和商业性特征，人性呈现出同质性、单面性、物质性等异化趋势。

人性问题是一切社会、自然、文化问题的核心，是意义评价和价值判断的基础。"人性是一个系统综合体。它表达了基于人本质之上的人的全部完整性，表达了人的各种极不相同的生活机能和表现的统一性。人把自己规定性的各方面属性，如社会的、生物的、精神道德的、理性意识的等等方面，表现为一个不可分割的统一体。"① 可见，人性是一个包含着丰富具体内涵的复杂系统，而每一具体内涵在这一系统中的地位和作用也不尽相同。

第一，人的自然属性是人其他诸种属性存在的生物基础。人来源于自然界，是自然界的产物，正如恩格斯所指出："我们连同我们的肉、血和头脑都是属于自然界、存在于自然界的。"② 但是，人的自然属性已经不再是纯粹的动物性，而是一种被人类实践改造过的

---

① 葛晨虹：《人性论》，中国青年出版社2001年版，第151页。
② ［德］恩格斯：《自然辩证法》，人民出版社1984年版，第159页。

人的需要。

第二，理性是人区别于动物的独特属性。人是具有主观能动性的动物，人能够创造性地进行生产实践，而动物只能依靠本能被动的获得；人能够根据自身的需要，利用自然，改造自然，而动物只能被动的适应自然。因此，理性是人类因之而自豪的资本。

第三，人的德性是构成人性系统的重要方面。德性是人类在改造自然的生产实践和处理社会关系的社会实践中形成的，是社会道德规范、道德要求和道德人格在人性中的体现。

第四，人的社会性是人的根本属性，是人区别于动物的最根本特征。人性是一切社会关系的总和，是人在后天社会实践中形成的。人在生产实践过程中成为有意识、有理性的类存在物，有意识的能动活动又使人脱离自然群体而成为相对独立的社会群体。而且，伴随现实社会关系的不断发展变化，人性也在不断变化。

自然属性、理性、德性和社会性共同构成了人性系统，这四个方面既具有系统同一性，又具备自身独特性。其中，社会性是人性的根本，是自然属性、理性、德性存在和实现的基础。人的社会性是实现人性全面解放和人性复归的理论出发点。因此，过分夸大人的自然属性在人性中的地位，势必导致人性的压抑和人性的异化。

人性问题始终是文化研究的出发点和落脚点。大众文化作为工业社会，尤其是后工业社会的主要文化形态，人性问题必然成为其涉及的重要主题。在一个全球化进程不断加深，社会物质财富极大丰富的时代，高度发达的大众传播媒介、高度成熟的商业化运作模式，以及大众经济实力的增强，使得大众文化可以更多的表达人性的丰富和多样。与此同时，现代民主政治的发展强化了社会的民主化趋势，给予了社会大众更多的人文空间和自由，社会文化呈现出多元化的景象。大众文化就是由通俗文化、传播文化、商业文化和消费文化组成的文化复合体,因此,大众文化能够从不同的侧面和通过不同的方式展现人性的丰富性。例如,与其他文化形态的生硬说教和意识形态灌输相比,文学影视作品创造的图像世界直接强化了人性的丰富和细腻,给予大众更加强烈的图像冲击的同时,使大众对文学影视作品所表达出的人性有了更加深刻的认识;流行音乐是消费时代大众情感体验的表达,流行歌曲代表了当下人们对于社会情感的态度和感受,是表达人性的新方式;流行时尚是大众社会特有的表达人性丰富性的方式,不断变化和更新的流行时尚,标新立异的服饰品味,显示了人性对于人体、色彩、服饰等外在审美的无限追求和渴望。可见,大众文化唤醒了人们对自身物质需要的追求,将文化从神圣的殿堂拉回民间,给大众提供了一个展示个性、张扬个性的广阔空间。

  从表面上看,大众文化满足了人的感官需求和即时的情感需要,缓解了人的压力。但大众文化的商业性和娱乐性特征决定了大众文化是一种以赚取高额的商业利润为最终目的,以满足人的感官需求为途径的文化形态。在大众文化中,人性的解放和多样性表达是以人性的物化和社会性逐渐丧失为代价的。从根本上说,人的需要是多方面的,人性是多层次的。人性中既有满足口腹之欲的自然需要,也包括情感的需要和精神上的追求。如果把人的自然属性作为人性的基础,进而作为人类一切活动的目的,必然会导致人的自然欲望的无限膨胀和人性本真层面的缺失。在大众文化中,人性正在受到现代传媒更加隐性的压制。正如马尔库塞在《单向度的人》一书中所提到:"当代社会的力量(智力的和物质的)比以往大得无可估量。我们社会的突出之处是,在压倒一切的效率和日益提高的生活水准这双重的基础上,利用技术而不是恐怖去压服那些离心的社会力量。"① 大众文化通过先进的现代传媒手段,使大众陶醉于大众文化制造的虚无缥缈的幸福美景中,处于集体的无意识状态。同时,大众也在不断接受大众文化中所体现出来的同质的、统一的诸如物质主义、享乐主义和消费主义等价值观、人生观和道德观,从而日益成为现代传媒的依附。

诚然,精英文化侧重的是人性的更高层面的精神需要和内在的持久的情感体验,从而使人们能够在物质匮乏的环境中,仍然能感受到生活的愉悦和精神的满足。而大众文化却将人的感性需要和物质需要人为地、宰制性地加以扩大化、标准化、普遍化,使人的更高层次的精神需求和道德情感被人的自然欲求所替代。大众在大众文化的影响下,进入一种麻醉状态,人类的理性质疑和批判精神不断消解,人成为"物的奴隶"。阿多诺指出:"文化工业错误地把它对大众的关心用于复制,强化他们的精神,它假设这种精神是被给予的、不可改变的。这种精神如何被改变的问题完全被置之不理。大众不是文化工业的衡量尺度,而是文化工业的意识形态。"② 大众文化是一种反启蒙的文化形态,"它始终算计着大众,并利用一切手段去操纵大众,妨碍着自主的、独立的个人的发展,使个人无法自觉地为他们自己下判断、作决定,最终也就阻止了人类达到他们所处的时代的生产力允许他们达到的解放程度,使大众失去对社会的反抗力"。③

---

① [美]赫伯特·马尔库塞:《单向度的人》,刘继译,上海世纪出版集团2008年版,第2页。
② 陶东风:《大众文化教程》,广西师范大学出版社2008年版,第45页。
③ 陶东风:《大众文化教程》,广西师范大学出版社2008年版,第45页。

总之，人性问题既是大众文化作品表现的主题，也是大众文化存在和发展的理论出发点。因此，正确认识和理解大众文化中的人性问题，将有助于我们从伦理学的角度更加深刻的分析大众文化的道德内涵，理解大众文化与道德的辩证关系。

（二）大众文化中的道德价值问题

道德本质上是一种价值，"是一种表达关于'应当'的理性智慧，人'应当'怎样做人、怎样生活？人与他人应当怎样相处？我们的社会应当如何规划蓝图、如何全面和谐的发展？应当怎样对待并处理人与自然的关系？甚至，人类究竟应当何去何从？这一切都要在道德价值理性智慧中寻找答案。道德、善是应然价值理性的最核心的表达"。[①] 因此，道德价值包含着社会共同的方面和个体人格的方面。其中，在道德价值体系中，社会共同的方面是社会共同价值，包含着社会中总体的伦理关系和要求，是造就个体人格价值的伦理基础和条件；而个体人格则是社会共同价值的特殊化或个性化。因此，道德价值是社会价值体系中的核心，它表达并设定一定社会的价值取向和理想目标，引导社会发展方向，规定社会发展目标，并将这些善或合理的价值目标渗透于社会生活的各个层面。其中，文化作为人类社会实践活动的创造物，体现着人类自身的价值观念和理想，蕴含着丰富的道德内涵和伦理价值，具备着重要的道德教育功能。而道德价值也正是通过文化这一重要载体将正确的人生观、价值观和世界观传达给社会大众，从而用以指导大众的社会实践活动。

---

① 葛晨虹：《和谐两种理性文化》，载《江苏社会科学》2005 年第 3 期，第 228—231 页。

马克思主义认为，人类通过"真""善""美"三种方式来认识和把握世界。"真"是以客体规定性和物体的客观存在性为主要方面的把握方式。"善"和"美"是以主体规定即从人的主观意志出发从而对事物进行认识和把握的方式。事物"真"的特性从根本上说来源于客体的客观规定，而事物"美"和"善"的特性，从根本上说则是由主体意志规定的。"善"和"美"，是人类价值理性所诉诸的领域。其中，与"美"相关的价值称之为审美价值，其主要功能是提高人的审美品位和审美趣味。与"善"相关的价值称之为道德价值，其主要功能是规范人的道德实践，提高人的道德修养，引导社会的健康发展。在"真""善""美"三种价值中，"善"价值处于最高地位，规定着"真"和"美"的发展方向。道德是对"善"价值的体现，这就意味着道德作为一种社会理性智慧，表达并设定着社会的价值取向和理想目标，引导和规定着社会的发展方向和目标。因此，道德价值渗透于社会政治、经济、法律和文化等各个领域，决定着社会发展的理想目标和永恒追求。

文化自其产生之日起，其目的就是通过陶冶人的审美情操，进而培养人的道德情感和高尚的道德追求，也就是对"善"价值的永恒追求。大众文化作为文化发展到现代社会的一种重要形态，对"善"价值的追求也是其存在的目的之一。这就决定了大众文化中必然蕴含着一定的道德内涵和伦理价值，承担着一定的道德教化功能。但是，大众文化本质上是一种商业文化，经济利益是其存在的基础和追求的最终目标。在巨大商业利润的驱使下，大众文化生产者过分追求大众文化的娱乐功能，通过不断淡化大众文化的道德内涵、伦理价值以及消解大众文化的道德教化功能，迎合大众的口味，导致大众文化日益呈现出庸俗化、平面化和肤浅化的发展态势。这就意味着道德作为理性智慧的指导地位在大众文化中被动摇了,道德价值所设定的社会理想目标和永恒追求在大众文化中被消解了。诸如现代社会的很多网络写手的作品,完全无视社会道德的存在。木子美的《性爱日记》,完全是赤裸裸的情爱描写。在她的作品中,男人与女人之间除了性以外没有任何情感可言,爱情在这里变得一文不值,人仅是欲望的动物而已。与木子美相似,现代网络上还存在着一批号称靠"身体写作"的女性网络写手。这些大众文化作品所传达出来的价值虚无、物质主义和享乐主义的价值观,严重动摇了道德在文化传播中的重要地位,给整个社会文明的健康发展带来了极大的危害。

  人生价值问题同样是大众文化中重要的道德价值问题。"人生的理想和实现人生理想的道路,从目的性和实践性的统一中体现了人生价值。人生价值问题是在讨论人生理想和人生道路的基础上,对人生意义的反思。"① 人生价值问题是人生观的核心。人生价值只有在处理个人与社会关系的社会实践中才能够确定和实现,它包括人的社会价值和自我价值、内在价值和外在价值、现有价值与应有价值几个方面。其中,人的社会价值是指个人对他人和社会所作的贡献,表现为个体对他人、家庭和社会的责任感。人的社会价值是人生价值的核心,也是衡量人生价值的重要标准。消费是当今时代的典型特征和大众重要的生活方式和生活习惯。市场的不断繁荣使大众在消费过程中不断强化自身的主权意识和物质"应享"意识。大众文化是市场经济繁荣的产物,大众的这些意识必然在大众文化中

---

① 宋希仁:《人生哲学导论》,山西教育出版社2005年版,第220页。

有所反映。而大众文化的商业本性必然使其将个人主义价值观、享乐主义价值观以及物质主义等价值观作为吸引大众的"卖点"。比如，香车、美女、豪宅几乎是所有商业广告都会采用的场景。这些商业广告会使大众对人生的真正价值产生错觉，进而会认为豪华、奢侈的个人物质生活满足才是人生的真正价值。可见，大众文化蕴含着丰富的道德价值的同时，也将个人主义价值观、享乐主义价值观、消费主义价值观等腐朽价值观通过大众影视文化、大众广告文化等手段传播给社会大众，从而削弱了大众的社会责任感，最终导致个体人生价值观的扭曲。

此外，永恒价值和普遍价值也是大众文化中重要的道德价值问题。永恒价值和普遍价值是整个人类社会发展的永恒追求和目标，是人类社会得以存在和发展不竭的动力。自从人类社会诞生之日起，就有很多道德规范是所有人类社会必须遵守。比如不偷盗、不奸淫、公平、正义和诚信等，这些道德规范是维系人类社会存在的最基本和最普遍的价值。文化始终将人类社会的普遍价值和永恒价值作为文化作品的主题，同时也将对大众的道德教化职责作为其重要的社会功能。但是，传统的精英文化和主流文化在进行道德教化的过程中，一直保持着高高在上的位置，始终以道德说教者自居，因而导致了社会大众与传统精英文化之间的距离日益扩大。大众文化凭借其多样的形式和贴近日常生活的内容，迅速渗透到人们日常生活的方方面面。大众文化作品中蕴含的很多普遍价值和永恒价值也伴随大众文化的扩张而潜移默化地对社会大众进行着道德价值的教育。但是，大众文化毕竟是市场经济的产物，商业本性使其很多情况下为获得经济利益不惜一切手段迎合受众、取悦受众，从而导致大众文化对人类永恒价值和普遍价值的否定。比如流行音乐中回荡着

《一无所有》《糊涂的爱》……文学作品中充斥着大篇幅的性爱描写，影视作品更是将帝王的奢侈糜烂生活、名人的个人隐私以及家庭婚姻生活的阴暗面搬上影视屏幕。可见，大众文化在承担文化的社会教化功能的同时，也在否定社会永恒价值和普遍价值的存在意义，进而导致了大众文化作品历史感的消逝和人们对社会普遍价值的远离。

大众文化作为一种产生于现代社会、消费社会的文化形态，是现代科技迅速发展的产物。现代科技的发展不但为大众文化的产生提供了众多消费主体和需要，而且为大众文化的生产和传播提供了极为便捷的手段。因此，科技的迅速发展孕育和促进了大众文化的产生和发展，尤其是随着广播、电影、电视、网络、数码技术等先进科技手段被不断运用于大众文化，大众文化成为了一种影像、视觉的文化，一种快餐式的文化，这也就"意味着传统社会地域文化间的鸿沟被填平，意味着生活与艺术的边界逐渐变得模糊，意味着公共话语与私人话语变得界限不清"①。而大众文化所表现出来的纯商业性、娱乐性和流行性特征，也正是现代科技理性逐渐战胜或替代道德价值理性的产物。

（三）大众文化中的社会责任问题

现代社会是一个开放多元的社会，尤其是大众文化的繁荣，使大众摆脱了现代性所提倡的宏大叙事，恢复了社会大众重新介入现实问题的能力。大众文化"反对某一种文化的自大独尊，提倡一种多元共生的民主精神，反对那种精英文化的贵族主义倾向，主张自由、宽容、

---

① 舒扬：《当代文化的生成机制》，中央编译出版社2007年版，第212—213页。

参与的文化态度"①。大众文化是多元价值取向并存的综合体,每一种价值取向在大众文化中都有其存在的合理性和基础。大众的价值取向在一定意义上取代了精英价值观而成了社会文化中的主导。大众文化的宽容性满足了大众对于民主、自由和个性的追寻,一定程度上缓解了精英文化给社会大众带来的紧张感和压迫感。

但大众文化作为市场经济的产物,其生产和运行机制完全遵循市场经济规律,这就使得大众文化价值取向的多元性和宽容性是以获得更多的商业利润为前提的。大众文化的制造者和生产者,为了获得更多的经济利益,不惜一切手段迎合受众,取悦受众,为受众提供欲望的满足。而大众文化的参与者、接受者数量众多且层次参差不齐,其对文化的需求在很大程度上还停留在感官刺激和娱乐休闲的阶段。这种双向互动关系一方面导致了大众文化一味阿世媚俗、迎合大众、追随流行时尚,另一方面也使大众处于忘却自我意识或自我判断的麻醉状态而不愿觉醒,进而导致了文化工作者和社会大众道德责任感的消解。

与大众文化的媚俗性、肤浅性相伴随,艺术创作成为了经济的附庸,成了文化工作者获取经济利益的手段。利奥塔指出:"由于艺术成了迎合低级趣味的拙作,因此便迎合了具有主导作用的赞助人'趣味'的混乱。艺术家、美术馆老板、批评家以及读者观众一起沉迷于'流行的时尚'。这个时代真可谓一个宽松的时代。但这种'流行时尚'现实主义实际上是一种金钱现实主义,因此在缺少审美标准的情况下,根据其产生的效益来估价艺术作品的价值依然是可

---

① 舒扬:《当代文化的生成机制》,中央编译出版社2007年版,第217页。

行的和有用的。只要这些倾向和需要拥有购买力。"① 很显然，市场的需求和大众的需要成了判断大众文化产品的标准。在这一前提下，以哲学家、文学家、艺术家为代表的文化工作者在艺术创作过程中必然会受到消费者信念、爱好和趣味的影响和制约。至此，文化创作固有的思想性、道德性和伦理价值的宗旨被感官娱乐性和无深度性所替代，文化的道德教化功能逐渐被淡化，文化工作者的社会责任感逐渐消解。甚至很多文化工作者为了赚取高额的利润，不惜通过制作虚假广告，凭借赤裸裸的呈现黄色、暴力等手段吸引大众的眼球，给大众道德素质的培养和社会普遍价值的完善造成了严重的危害。

另一方面，大众文化虽然在一定程度上满足了大众个性化的心理需要和精神需要，但也削弱了大众的社会责任感。个体的道德责任是以个体的道德选择自由为前提的，主体在享有道德选择自由的同时，也自由地选择了责任。任何个体在进行道德实践的过程中，总会面对一种以上的道德可能性，个体在几种可能性中进行思考、衡量和取舍的过程，就是其自身的选择过程，这也意味着他同意选择可能性的同时，也必然要为选择所造成的后果负责。可见，个体的社会责任是与个体的道德选择自由相应存在的。因此，大众对于大众文化的选择具有一定的自由性。但是，人们在大众文化中选择的不再是生活的意义，而是瞬时的感官愉悦；追求的不再是感情的真谛，而是当下的感官刺激。这必然导致大众社会责任感的消逝。

---

① 王岳川、尚水：《后现代主义文化与美学》，北京大学出版社1992年版，第46页。

文化中应有的道德内涵和道德价值在大众文化中不断地被削弱，人性的深度不断地被消解。大众文化拒绝普遍的道德追求和社会责任，强调个体的当下快乐和极端的自我意识。大众文化拒绝历史的传承，为大众提供了一个既没有现实也没有未来的平面世界。大众在这个世界中，没有思想、没有意识，只有纯粹的游戏；没有生命的思考、没有社会责任的承担，只有单纯的快乐。人们躲藏在大众文化创造的影像世界，尽情享受当下的快感，无需深度思考和真情的投入。因此，大众在大众文化中放弃了对人生价值和生命意义的思考，放弃了对社会责任的承担，沉迷于一种表演性的快感之中而不愿自拔。

社会责任问题是伦理学研究中的一项重要议题，也是大众文化研究领域不可回避的问题。大众文化虽然具有一定的道德教化功能，发挥着一定的社会作用，但其商业本性使得大众文化缺少对现代道德精神和伦理价值的深刻体悟，而成为一种消解主题、消解人性深度、消解道德良知和社会责任的文化危机。大众文化凭借其华丽的外表、哗众取宠的态度和低级的趣味诱惑人的不健康需要，使大众的文化品位不断降低；而大众文化需要层次的降低，又促使大众文化创造者为迎合受众的需要而不断消解文化作品的道德内涵和伦理价值。大众需要与文化创作之间的这种恶性互动，必将导致大众在感官愉悦中回避社会责任，文化工作者在经济利益的诱惑下忘却社会责任。大众和文化创作者对社会责任的逃避，是资本和财富对文化、传统、道德、价值、信仰和人性的严重挑战。因此，对大众文化中的社会责任问题进行必要的分析，对于正确引导大众文化的发展方向，规范文化工作者的创作行为，强化大众的道德责任意识具有重要的意义。

总之，大众文化凭借娱乐性、流行性和商业性的特征不断渗透到人们日常生活的各个层面，已经成为人们的一种日常生活方式。那么，作为社会生活在伦理方面重要表达的人性问题、道德价值问题和社会责任问题必将成为其重要的组成部分。其中，人性是大众文化存在和发展的根本动力，道德价值是大众文化作为文化形态应具备的道德理性智慧，社会责任是充分发挥大众文化社会教育功能的有效约束力。因此，充分重视大众文化的伦理价值和道德问题，加强道德价值理性对大众文化的引导作用，才能使大众文化创造者坚持道德操守，使大众文化真正做到"寓教于乐"。

第三章　大众文化诸类型伦理分析

　　文化发展的必然结果为：文化作品的类型化。大众文化作为当今时代最重要的一种文化形式，在大众传媒的影响下，有着多种不同的类型。一般情况下，大众文化比较普遍的分类标准是按照人类主体对传播媒介及文化象征体系的消费方式来划分的。按照这种划分方法，大众文化的主要类型包括流行文学、电影、电视、流行歌曲、网络文化、广告文化、广播等。其中，流行文学、大众影视作品、流行音乐、广告文化和网络大众文化是当代社会最主要的大众文化类型，也是本章研究的重点。

　　大众文化作为时代发展的必然产物，有着积极的合理性因素。但是，大众文化的商业性本质和对娱乐休闲性的过分追求，使大众文化的伦理精神和道德内涵在传播过程中被不断解构。比如，大众文化对自由、自我价值以及感官享受的过度关注，使得大众文化走入了一种道德困境，成了一种媚俗的、肤浅的、消解神圣的"快餐性"文化。本章从伦理学的角度对大众文化的主要类型进行分析和论述，尤其是对大众文化主要类型所具备的道德功能和道德困境进行分析，其目的是运用道德理性对大众文化的发展方向进行正确引导和培育大众文化的道德内涵，进而激发大众文化的伦理导向功能和道德教化功能。

一、流行文学的伦理分析

文学从其诞生之日起,就是文化的重要组成部分。自古以来,文学就有雅俗之分和庙堂之隔。但流行文学与古代文学中的"俗文学"不同,它是在当代工业化、商业化和传播媒介大众化的时代背景下产生和发展的,是一种具备大众文化特征的文学类型。因此,流行文学是"由文人创造的以大众传播媒介为载体、按市场机制运作的、旨在满足读者愉悦性消费需要的商品性文学"①。

(一)流行文学的大众文化特征

当今时代,各种现代化传媒手段对经典文学和严肃文学产生了强烈的冲击和解构,过去一直处于文化中心地位的经典文学已经走向了文化的边缘。"纯文学"的出现和流行就是重要的表现之一。文学界一般认为"纯文学"最早出现于20世纪七八十年代的特殊历史环境,是作家冲破、抵制和批判文革时期的文学教条而出现的一种写作方式,是文学界的思想解放。其中比较有代表性的是"伤痕文学""改革小说"等"问题文学"。可见,在这一特殊的历史环境中,"纯文学"的提出和兴盛就具有相当强烈的革命性意义。"纯文学"使作家在"形式即内容"的口号掩护下,一定意义上破坏和瓦解了传统的现实主义写作方式,张扬了作者自身的个性自由和创作自由。但到20世纪90年代,很多理论家和作家将"纯文学"发展成为一种拒绝进入公共领域的、纯粹的文学形式和"私人写作",这种文学形式拒绝任何形式的道德理性指导和道德价值评价。这就必

---

① 王一川:《大众文化导论》,高等教育出版社2004年版,第118页。

然导致文学成了一种语言工艺品和漫不经心的语言游戏，进而使得文学作品的深度模式不断消解，道德内涵不断消逝。

"纯文学"的产生和发展对很多流行文学作家产生了重要影响，比如当代很多作家坚持的"私人化"写作标准和极端的"自我中心化"写作范式，都来源于"纯文学"。但是，"纯文学"所提倡的这种写作范式，不仅导致流行文学作品渐趋雷同，还使很多作家成为了社会边缘人，文学青年不断流失，传统文学的"载道"功能和伦理教化功能也随之淡化。而与此同时，市场经济的迅速发展和大众主体意识的不断增强，人们对于文学的需求已经不再局限于精神指引和价值指导，而是更注重于情感体验和精神愉悦。尤其是随着越来越多的大众传媒手段被运用于流行文学当中，流行文学已经改变了社会大众传统的阅读习惯，成为当今社会最主要的文学形态。可见，流行文学作为大众文化当中最重要的一种文化类型，必然具备大众文化的诸多特征。

第一，流行性是流行文学作为大众文化的最主要特征。首先，流行文学作品具有故事内容模式化、故事结构独特化和人物性格类型化的特点，极易引起读者的阅读兴趣。尤其是在成熟的市场机制运作下，流行文学的某一类型作品经常会一夜成名，成为某一阶段的阅读时尚。比如之前以金庸、古龙、梁羽生的作品为代表的武侠小说，凭借其刀光剑影的情节和贯穿其中的侠义精神，一经出版，就掀起了声势巨大的武侠狂潮。而以琼瑶为代表的言情小说更是赚足了众多女性观众的眼泪。这些流行文学作品的故事情节和写作模式也成为近二十来年武侠小说、言情小说的模版和范本。还比如，将写作与阅读充分整合的网络产品——简书，不仅吸引了无数的读者，也造就了一大批网络写手。简书文章篇幅大多短小精悍，内容贴近现实生活，受到很多读者，尤其是年轻读者的追捧。其次，网络文学的出现，也使流行文学的流行性特征更加突出。目前，互联网的普及，电脑、手机、电子阅读器等现代科技产品已经成为人们工作、学习、生活的必需品。全世界每天使用电脑网络的人有上亿人次，其中，通过网络进行阅读的读者也有数千万。在此庞大的受众基础上，网络文学作品凭借其低廉的成本、积极的主动参与性以及作者与读者之间及时地互动关系，成为当今时代最流行的文学形态。比如很多我们熟悉的流行文学作品和写手都是通过网络一举成名的。而短信文学、微博、微信等自媒体的迅速拓展，更是将流行文学的流行性表现得淋漓尽致。

第二，商品性是流行文学的本质特征。流行文学是消费社会的产物，其存在的目的是为了赚取更多的利润。就如美国文化学者杰姆逊所指出的"到了后现代主义阶段，文化已经完全大众化了，高雅文化和通俗文化、纯文学与通俗文学的距离正在消失。商品进入文化，意味着艺术品正成为商品，甚至理论也成为商品"[1]。流行文学之所以能够广泛的流行和传播，其原因就在于它能够遵循市场经济的运行机制、进行大规模的生产和销售。流行文学的创作拒绝道德性、审美性和创造性，将大众的需求和市场的需要作为文学创作的出发点，也就是"为市场写作"。文学创作观念的转变必然导致文学作品的内容、形式和写作技巧发生变化。比如武侠小说、言情小说、网络文学、短信文学、微博、微信更是直接面向市场，形成了批量生产和复制的格局，而且，其传播途径和销售模式也完全遵循了商业性的原则。因此，作家、媒体、读者之间形成了连锁互动的

---

[1] ［美］杰姆逊：《后现代主义与文化理论》，唐小兵译，陕西师范大学出版社1986年版，第148页。

关系，共同构造了流行文学的商业性特征，也使流行文学成为一种地道的"商业文学"。

第三，娱乐性是流行文学的又一重要特征。快节奏的现代生活，使人们承受了越来越多的精神压力。这就使得人们在紧张、单调枯燥的工作之余，更多的希望通过轻松、娱乐的方式获得休息和放松。因此，大众越来越青睐于"小女人散文"式的文学作品。人们在这些浅薄、率真的描述中，在对时尚化语言的赏析中，获得了休闲和放松。而对于近几年兴起的网络文学，人们更是把它当作一种休闲娱乐的好方式。网络畅销小说向来是影视剧改编的热门，网络小说的荧屏花已成趋势，比如近年热映的《小时代》《遇见爱情的利先生》《何以笙箫默》《花千骨》等作品不难看出，"霸道总裁"已成为获取粉丝和读者的内容利器。

此外，人们对于当下流行文学也不抱任何严肃的态度，从不勉强用脑，而是采取了漫不经心和轻松随意的态度。人们越来越注重感官上的愉悦和轻松，越来越不愿意花更多的精力进行深层次思考，更不愿探究流行文学的内容和精神实质。当然，在一些优秀的流行文学作品中，娱乐性、思想性和教育性是统一的，从而具有寓教于乐的特性。人们在流行文学所构建的美好世界里，可以自由的彰显个性，可以暂时从世俗的烦恼中挣脱出来，获得休憩和调剂。因而，流行文学的娱乐性特征为文学民主的实现也提供了可能。

总之，在大众文化的语境中，人们的选择是自由、民主和多样的。流行文学作为大众文化的重要组成部分，满足了受众多样化和娱乐化的需要，是经典文学和传统文学在现代社会的重要转向。

（二）流行文学的审美理性与伦理价值转向

文学蕴含着丰富的感性精神和理性精神，具有深刻的人性内涵和对真善美的追求表达。文学作品表现的是人类内心的感受和精神的自由。无论是远古神话，还是古典文学，都充满了崇高的理性精神和人类真善美的情感取向。因此，传统意义上的文学作品表达的是对生命价值的肯定，是人的本质力量和社会普遍价值体系的彰显。与古典文学不同，流行文学是与市场经济发展和大众传媒的进步相对应的，是一种典型的流行文化和时尚文化，是社会大众文学趣味和现代传媒的传播功能相结合的产物。这也就必然导致文学的传统审美价值和道德价值在流行文学中发生重要转向。

首先，流行文学的写作范式发生了重要的转向。戏说、重写和大话成为了流行文学最主要的写作范式。现代社会，人们的文学趣味主要源于游戏和娱乐的需要。作家为了满足大众的这种需求，使文学作品变得有趣，最重要也是现代作家最普遍采用的方式就是通过对历史和经典进行重写和戏说，对已有定论的东西进行重新审视。戏说和重写的写作范式通过轻松的叙述方式将经典从传统的审美束缚和道德说教中解脱出来，满足了商业时代大众对文学的多样化、游戏化和轻松化的需要，因而有其旺盛的生命力和存在的必然性。但是，很多作家在运用重写和戏说这一创作方式时，在精神价值问题上，坚持的是一种彻底颠覆和完全解构经典的立场，这也就使得经典作品倡导的价值观、是非观、善恶观被彻底颠覆。比如曾经爆红网络的"身体写作""下半身写作"的网络写手，有的在其作品中甚至公开宣布自己是在一边用双手抚摸身体，一边写下的身体感受，于是这些人的作品成为了所谓的"另类情感"文学。还比如，一直广受年轻人喜爱的网络玄幻剧，大多情节单一，语言平淡，甚至有些作者抄袭他人经典作品。

除了戏说和重写之外，大话也是当今流行文学最主要的写作范式，其核心表现为"无厘头"。大话这种写作模式将很多时尚元素注入了经典原著中，经常会产生意想不到的阅读效果，因而也就吸引了更多年轻人的青睐。但大话对经典话语体系的琐碎化和神秘化，对经典故事内涵的戏谑和嘲讽，则使经典文化与其蕴含的审美理性和道德理性彻底剥离。比如被拍成电影的《大话西游》剧本、《沙僧日记》以及一系列以《西游记》为蓝本进行改变的流行文学作品，深刻影响了当代很多青年的思维方式和人生观念。在《大话西游》剧本中，唐僧成了人见人厌的永远不停唠叨的师傅，孙悟空甚至爱上了白骨精。因此，《大话西游》完全颠覆了《西游记》惩恶扬善的创作宗旨，《西游记》中所蕴含的人们对于人类真善美的永恒追求被消解成了孙悟空的爱情故事。可见，无论是重写、戏说，还是大话，它们作为当代社会流行文学最主要的写作范式，严重挑战了现行的伦理秩序和文化的价值导向功能，使文学的道德内涵和伦理精神发生了重要转向。

其次，流行文学的审美与道德价值转向突出体现为流行文学内容的转变。市场经济的迅速发展和多元文化格局的形成，使得文学媒体不得不从养尊处优的被动适应而转化为主动适应，参与竞争。因此，文学媒体必须不断地为自己开拓生存空间，占领更广泛的读者市场，为此它重新设计自己的文学形象，确定自身的文化策略，降低自身的文学身份，调整自身的文化心态。这也就使得文学在市场经济的大潮中，由俯瞰式的真善美与情感的启蒙立场转变为对话式和服务式。文化立场的转变势必导致作家、作品、传媒以及读者之间的关系发生巨大的变化，文学作品的受欢迎程度和销售量成为衡量作品质量的重要标准。作家对其作品销售量的关注导致作家对社会大众趣味的适应，甚至迎合，文学作品内容的转向及流行文学的出现也就成了社会文化发展的必然。而那些以弘扬崇高精神、审美价值和道德理性为核心的严肃或高雅文学则在市场经济和流行文学的冲击下，成为曲高和寡、难以生存的孤家寡人。

但是，流行文学毕竟是一种大众文化，娱乐性和商品性是其根本属性。很多流行文学作品为吸引大众眼球和赚取更多的商业利润，不惜将"裸、露、透"作为文学创作的宗旨，从而导致流行文学出现了庸俗化和媚俗化的趋势。流行文学对庸俗化的追求势必导致诸如追奇猎艳、荒诞离奇、明星绯闻、社会黑幕，以及大肆渲染性关系、性行为等下流贩黄之作流传于世，进而彻底颠覆了文学的审美价值、道德引领和道德教化功能，严重扰乱了文化市场的正常秩序，影响了大众身心的健康发展，也影响了人类文化的健康发展。

最后，文学创作者的审美理想与伦理价值观转向是流行文学价值转向的又一重要体现。文学创作者是文学创作的主体，其坚持的人生态度和价值观必然贯穿和体现于文学作品当中。而读者在欣赏和阅读文学作品时，一定会自觉或不自觉的接受文学创作者的人生态度和道德观念。因而，文学创作者所持的人生观、价值观和道德观以及他们本身的道德素质将对读者的道德水平的提高产生重要的影响。比如，20世纪80年代中后期出现的流行文学的代表——中国新潮小说，就充分体现了文学创作者价值观的转向。在这些新潮小说家看来，写作的意义不在于个人某种启迪或教育，也不在于对普遍价值和伦理精神的关注，而是在于游戏性的文本体验。这些小说家玩弄写作技巧和语言，抽空作品的思想意蕴和价值判断，试图通过不同的叙事方式给读者带来一种真空感、深度削平之后的平面感和道德虚无感。

很多新潮小说作品以调侃一切的态度彻底完成了大众文化对文学的理想与道德的"祛魅"，宣告了文学深度模式的彻底终结。用这些作者的话说，流行文学是"一点正经没有""玩的就是心跳"，其笔下的人物实质就是一切缺乏文化内涵、无所事事的精神流浪者。这些作品运用现代市井的语言和无理化的情节，宣扬一种充满酗酒、赌博和混乱的情感的生活方式，带有明显的非理性、反道德和反传统的特征。可见，文学创作者所持的价值观及其本身的道德素质在某种程度上决定了其流行文学作品的价值深度和道德内涵，而文学创作者在市场经济的浪潮下对经济利益的过度关注和对消费主义、拜金主义的过度崇拜，必然导致流行文学创作者自身道德素质和社会责任感的降低，而文学创作者的伦理价值观转向也必将在其作品中凸显。

总之，流行文学产生和发展于市场经济的大潮中，是大众文化的重要组成部分，具有流行性、娱乐性和商品性的特征。流行文学的写作范式、写作内容及文化创造者的伦理价值观与传统文学相比，在商品经济的冲击下发生了重要的转向。文学的道德内涵和伦理导向功能在流行文学中不断失落，文学对伦理价值的关注和对大众的道德关怀在流行文学作品中被平面化和无意识的娱乐所替代。因而，对流行文学进行必要的伦理分析，有助于我们充分认识文化和道德的关系，进而对流行文学进行理性的批判和正确的伦理价值观指导。

二、大众影视文化的伦理分析

大众文化是以满足人民大众娱乐和消遣为主要目的的商业性消费文化，它主要通过电影、电视、网络、现代刊物、广告、微视频等多种大众传媒方式进行传播。随着大众文化的兴盛和大众自主意识的提高，以深度、抽象、严肃、神圣、审美和德性为特征的精英文化逐渐丧失了在整个社会文化领域的主导地位，而以娱乐消遣、消费营利为目的的影视文化则凭借其平面直观、生动形象、短小精悍等特点日益成为社会大众普遍接受的文化形态。

影视既是现代社会最主要的大众传播媒介，也是一门综合性的艺术和一种文化形态。其中，"电影是一种以活动照相术结合幻灯片放映发展起来的综合艺术，主要流程是用电影摄影机以每秒摄取格画幅运动的速度，将运动过程拍摄在条状胶片上，成为许多格的动作逐渐变化的画面；然后经过一定的工艺过程，制成可以放映的影片；当影片通过放映机以同样的运转速度被灯光连续的投影于银幕时，由于人类视觉具有暂留印象的特性，观众便从银幕上看到像是实在活动的、放大了的活动影像"①。电视"是使用电子技术传播图像和声音的现代化传播媒介。它通过光电变换系统把图像、声音和色彩转换为信号，用电缆和天线发送出去，由接收端将电信号还原为图像、色彩和声音，重现在荧屏上"②。如果只从电影和电视的技术定义来看，二者仅仅是大众传媒的两种手段。因此，从二者作为

---

① 王一川：《大众文化导论》，高等教育出版社2004年版，第31页。
② 参见陶东风：《大众文化教程》，广西师范大学出版社2007年版，第77页。

传播手段来看，它们既可以与大众文化相结合从而形成大众影视文化，也能够成为传播主流文化和精英文化的重要载体。从电影文化和电视文化的实质来看，二者均是经济、政治、文化、社会和大众心理的结合体。大众电影文化和大众电视文化，在大众文化特征方面具有诸多的相似性，这也就使得理论界在进行大众文化研究时经常将二者合在一起，合称为大众影视文化，即指以相对完整和独立的影视作品为主体的影视存在形态，其具体类型包括电影故事片、电视剧、艺术电影以及影视纪录片等。

商业片和娱乐片是大众影视文化最主要的组成部分，突出体现着当代社会大众的文化需求、精神需要和道德要求，其生产目的和运行机制带有鲜明的大众文化特征。尤其是随着时代的发展和科技的进步，大众影视文化凭借其低廉的价格和轻松愉快的叙述方式越来越成为人们缓解心理紧张和宣泄情绪焦虑的重要途径。

（一）大众影视文化的大众文化特征

大众文化时代，也被称作文化工业时代或商业文化时代。在这个时代里，一切生产活动包括艺术创作都以商业利润为核心，一切产品包括艺术品都必须转化为商品，进入市场流通领域，实现商业价值。大众影视作品与音乐和文学创作相比，需要投入更多的资金和人力，这也就决定了制片商对大众影视剧作品商业利润的关注远远高于作品本身的艺术价值。而大众影视文化的创作目的与艺术本质的不断背离势必导致大众影视文化本身的大众文化特征日益凸显，审美特征淡化。美国的丹尼尔·切特罗姆曾对电影的作用发表过这样的意见："电影的诞生标志着一个关键的文化转折点，它巧妙地将技术、商业性娱乐艺术和景观融为一体，使自己与传统文化的精英显得格格不入。"① 因而，大众影视文化具有鲜明的商业性、娱乐性和大众性特征。

第一，商业性是大众影视文化的最根本特征，也是其与生俱来的特性。大众影视文化从其诞生之日起，其目的就是通过娱乐大众而获得经济利润。从大众影视作品的制作和资金循环而言，它主要遵循的是市场规律和商业运作，制片商的投资行为和产业化生产的最终目的和最初动力皆为巨额商业利润和商业回报，这种情况一定程度上势必导致收视率和票房收入成为衡量大众影视作品的最主要标准。美国的好莱坞被公认为是世界商业电影的主要产地，据资料显示，好莱坞影片的票房收入在 20 世纪 90 年代初期就已经占有全球票房的百分之七十。尤其是经过几十年的发展，好莱坞几乎成为了商业电影的代名词。

事实上，影视文化的商业性还体现为影视剧作品的"明星制"和随片广告的大量植入。"由于有了明星制，制片业有了属于自己的'预定市场'，明星的形象和名字成为了影片的商标，从而建立起观众（消费者）对影片的消费吁请结构，因而影片销售量、票房收入便可以相对稳定。"② 这样，影视剧作品就可以充分发挥明星蕴含的商业价值，获得更高的票房收入。随片广告和嵌入式广告是广告植入影视作品的两种主要方式。其中，随片广告是在片头或片子中间加入广告，而嵌入式广告是将某种商品的商标或实物直接体现在影视作品中。与随片广告相比，嵌入式广告的形式比较隐蔽，不容易

---

① ［美］丹尼尔·切特罗姆：《传播媒介与美国人的思想》，中国广播电视出版社 1991 年版，第 32 页。

② 何建平：《好莱坞电影机制研究》，上海三联书店 2006 年版，第 49 页。

引起观众的反感和不满，因而成为影视作品中比较常采用的一种广告形式。比如《手机》等作品中，商业广告就比比皆是。可见，无论从大众影视文化作品的创作目的、运行机制、评价体系还是作品内容，都充满了商业性的特征。

第二，娱乐性是大众影视文化的又一重要特征。大众电影的商业性和娱乐性是紧密相连的。商业性是对大众影视文化作品出发点和最终目的的关注，而娱乐性则侧重于对大众影视的内容和风格所体现出来的伦理取向和道德内涵进行总结和归纳。从某种意义上来讲，大众影视文化的商业性特征决定了娱乐性，而大众影视文化在内容和风格方面的娱乐化趋势则是商业性特征的体现和实现商业目的必不可少的手段。在高科技时代和全球化的语境中，大众影视文化作品通过营造视觉化和奇观化的影像世界，满足现代人的视觉心理需求，丰富了现代人的视觉内容，缓解了现代人的精神压力，释放了人性中的种种欲望。比如刀光剑影、神奇诡秘的武侠片为大众编织了个人英雄的梦世界，满足了人们对自由和浪漫的渴望；光怪陆离的科幻片刺激着人们的想象力，表达了人们对未来生活的向往；扑朔迷离、结构紧凑的侦探片满足了人们的好奇心和对正义的追求；缠绵悱恻的言情片满足了人们对美好爱情和真挚情感的向往；温馨、轻松的家庭剧则是普通百姓现实生活和现实情感的表达。

大众影视文化作品的娱乐性不仅体现在类型和内容上，也表现在影视文化作品的宣传和炒作上。大规模宣传造势、明星效应和新闻炒作已经成为当代影视文化传播最重要的环节，甚至很多商业电影在这方面的投资远远高于电影本身的制作费用。可见，无论是大众影视文化作品的内容还是传播过程，其目的都是为了吸引大众的眼球、迎合世俗的娱乐化、视觉化和平面化的需要，这也致使影视文化作品本应包含的道德内涵、理性厚度和历史沧桑感被大众的消费性和娱乐性所淹没。

第三，大众性是大众影视文化存在和发展的动力。现代社会，大众影视文化已经成为人们日常生活最重要的组成部分，是人们日常生活和休闲娱乐最主要的方式和途径。由于大众影视文化的主要艺术定位是满足大众的共同口味，从而导致了大众影视文化的类型化趋势及其数量规模的不断发展。人们已经习惯于在某一段时期欣赏某一类型电影或电视剧，看其他人都看的大片。尤其是包括手机、电脑、Pad、电视等一系列大众传媒手段和信息传播产业的飞速发展使大众影视文化作品扩展到世界各地，进而形成了全球性的大众文化氛围。好莱坞大片的全球同步上映就是大众影视文化大众性特征的突出体现，"追剧"已经成为很多城市年轻人重要的娱乐方式之一。

与此同时，自媒体时代的来临不仅使普通大众成为影视作品的围观者，更成为大众影视作品的创造者和表演者。比如"网络红人"发展到宽频时代，大多通过微视频等方式被大众追捧。这些影视作品与大众的审美、审丑、娱乐、偷窥、妄想、刺激以及看客心理相契合，是网络推手、大众传媒以及受众心理需求等利益共同体综合作用下的结果。

商业性、娱乐性和大众性构成了大众影视文化的基本特征。这三个特征紧密联系，体现了大众影视文化的大众文化特点。其中，商业性是大众影视文化的根本目的，娱乐性是实现商业性的主要途径和方式，而大众性则是其存在和发展的根本动力。

（二）大众影视文化的伦理功能

大众影视文化是当代社会大众日常生活娱乐的主要方式，具有重要的社会功能。现代社会，人们的生活压力和工作压力越来越大，心理焦虑和情绪紧张成为大多数人的精神状态，这使得人们需要一种更加轻松和娱乐化的方式来缓解压力、调节身心平衡。大众影视文化通过营造视觉情境和充分调动观众的情感参与热情，满足了大众的情感需要，调剂了大众的现实生活。尤其是在商业化的当今时代，人与人之间的交流已经成了一种奢侈品，而大众影视文化作品恰好为普通大众提供了交流的主题。当然，除了人性欲望的满足和人际交流的需要外，大众影视文化作品也为观众提供了角色认同的蓝本，使观众在欣赏影视剧的过程中获得虚幻的满足感。可见，大众影视文化具有重要的社会功能，深刻影响着人们的日常生活、道德观念和伦理价值取向，进而影响着社会大众的心态、社会的道德风尚和道德水平等。对大众影视文化的伦理功能进行分析和讨论，既有助于我们正确认识大众影视文化的道德内涵和道德功能，也有助于我们能够有效地对大众影视文化进行道德约束和道德理性引领。

首先，大众影视文化作为一种文化艺术形态，其本质在于满足人更高层次的精神需求。大众影视文化是现代科学技术和艺术的结合体，相比精英文化的沉重叙事，大众影视文化更能为人们提供自身构建的心理宣泄和补偿的虚幻空间，这使得娱乐功能自然成为大众影视文化的特质之一。事实上，"原始艺术之最高的社会职能是统一……而且更能提高人类的精神。科学充实并提高了我们的知识生活，艺术也同样充实并提高了我们的感情生活。艺术和科学是人类教育中两种最有力量的工具。所以艺术不是无谓的游戏，而是一种不可缺少的社会职能,也就是生存竞争中最有效力的武器之一;因此艺术必将因生存竞争而发展的更加丰富,更加有力"①。大众影视文化作为当代社会最具影响力的文化形式,兼具娱乐性的同时,势必蕴含着深刻的道德内涵和道德精神,充分发挥大众文化的伦理导向功能,有助于我们从多角度塑造大众的人文精神,提高大众的审美趣味。

其次,大众影视文化蕴含着道德理性等人文精神价值和大众对真善美的追求。时代的发展和科技的进步使人们逐渐远离了田园经济和自然生活方式,而不断增加的生活风险和精神压力又使人们处于严重的精神困境中而无法自拔。大众影视文化凭借其逼真的影像和美好的情境使观众在欣赏过程中获得了精神的自由和人性的解放。比如大众影视文化以人性的美和善作为价值导向,引导人类善的回归。大众徜徉在大众影视文化构建的"精神家园"中,心智获得了健康发展,精神得到了审美的愉悦,道德情感找到了依托。正如《廊桥遗梦》打动人心之处已经不仅仅是主人公的情感故事,而是影片体现出来的对真情和道德责任的呼唤;《泰坦尼克号》的风靡则体现了人们在物欲横流的年代对人类真挚情感以及道德职责的追求和向往;《集结号》《智取威虎山》的讲述,则唤起了无数人的英雄情怀。

最后,大众影视文化有助于构建整个社会的伦理价值认同体系。大众影视文化不仅为社会个体提供了精神抚慰,也成为鼓励人们以快乐的心态追求道德价值和道德理想的动力。大众影视文化通过类

① [德]格罗塞:《艺术的起源》,蔡慕晖译,商务印书馆1984年版,第240页。

型化的故事情节，使大众得到了一定的道德关怀和价值引导。以社会道德生活为题材，以人伦情感为主线和家庭成员的情感纠葛为主要内容的家庭伦理剧的兴起，体现了当代社会人们对传统家庭美德的弘扬和对现实家庭道德问题的思考。比如以时代发展为背景的家庭伦理剧《金婚》《父母爱情》等电视剧作品，就表现了普通民众对美好家庭生活的向往，演员与观众产生了良好的情感共鸣。这些电视剧不仅获得了观众的认可，也获得了很好的收视率。以战争题材为主要表现内容的战争片，如热播银屏的电视剧《亮剑》、影片《集结号》等，则充分表达了社会民众的爱国主义情怀和对中国人民不屈不挠的斗争精神的歌颂。

大众影视文化在终极价值意义和社会道德价值导向问题上与社会主流价值形态具有一致性，它为人们形象地描绘出了"至善"的理想图景，鼓励人们不断地寻找自身的理想价值和人文精神，进而形成积极向上的社会道德价值体系。但是，大众影视文化中的很多影视作品则被媒体称为"很黄、很暴力"，比如李安导演拍摄的电影《色戒》，在威尼斯获奖时遭到记者及影评家批评，继而被奥斯卡拒之门外。在美国公映时，被认定为限制级影片[①]，而在中国大陆却赢得了一片赞美之声。甚至很多观众认为触动他们的是影片透露出

[①] 美国的电影共分为五级。第一级是"适合所有年龄段的人观看的电影"，英文简称 G。第二级是"建议由父母指导观看的电影"，英文简称 PG。第三级是"要父母强烈关注的电影"，英文简称 PG-13。第四级是"限制级"，英文简称 R。17 岁以下的未成年人若观看必须要有父母陪伴，这种电影中包含有成年人内容。第五级是"仅供成年人观看（18 岁和 18 岁以上的人）的电影"，英文简称 NC-17。这类电影不准 17 岁和 17 岁以下的未成年人观看。

来的颓废奢华、纠缠的情感、模糊的道德界限和男女主人公的性爱镜头。通过《色戒》我们可以看出,缺乏道德理性指导和道德关怀的大众影视文化作品,必然导致社会大众道德的堕落和价值观的混乱。就如《色戒》中的爱国志士在性和钻石的诱惑下爱上卖国贼一样,长期浸淫在这样的大众影视文化作品中的大众终究会走向内心的空虚和人性的扭曲。

(三) 大众影视文化的伦理困境

大众影视文化关注平民的日常生活,迎合大众的口味,满足了大众的精神需求,具有积极的伦理功能。但是,大众影视文化也存在明显的不足,尤其是大众影视文化对其商业本性和娱乐特征的过分关注,遮蔽了大众影视作品本身所蕴含的道德价值和深度的伦理精神,这也就使得很多大众影视文化作品缺乏对道德内涵、终极价值和社会责任的深刻认识,而是凸显出平面化、无深度、反神圣以及反传统等文化表征,进而弱化了艺术本身的社会批判和道德教化功能,从而走入了伦理困境而无法自拔。

大众影视文化是市场经济发展和大众传媒不断进步的产物,其创作目的和运作机制完全按市场化的轨道运行,经济效益和票房收入日益成为衡量大众影视文化生产的重要参数。为了赢得尽可能多的观众和商业利润,大众影视文化不断远离其本身蕴涵的伦理价值和道德内涵,向大众日常生活品位贴近。这就促使大众影视文化将经济效益作为追求的终极目标,将迎合大众的口味作为实现经济效益的主要途径。大众影视文化作品的模式化、平面化和世俗化,必然导致其对人文精神和道德批判功能的背离。大众影视文化作品从本质上来讲,是一种文化商品,是为了获得更多的商业利润。为了提高市场效益，大众影视文化不断削平其本身的深度模式，降低审美品位，消解历史意义和社会责任，消弭艺术和生活的界限，用以迎合大众的口味，吸引大众的眼球。在这一过程中，金钱、性欲、感官享乐、消费主义、极端的个人主义道德价值观等逐渐成为影视文化表现的主题，价值理想、道德追求和人文关怀则逐渐淡出人们的视野范围，传统影视艺术的道德教化功能逐渐被娱乐消费功能所替代。

大众影视文化的娱乐消费功能，使得大众影视文化作品中充斥着以满足感官刺激为目的的性爱和色情因素，以刺激消费和奢侈享受为目的的时尚因素，以及以满足大众好奇心为目的的野史和秘闻。大众影视文化对其娱乐功能的关注和对大众口味的迎合，导致了电影的类型化趋势。大众影视文化制作商为了获得尽可能多的观众，降低投资成本和规避市场风险，从内容和形式上模仿成功的作品就成了最佳选择。而电影的类型化趋势压抑了文化作品的独创性和主体性，比如影视圈出现的"戏说热""清宫戏热""武打热"以及电视剧出现的"韩剧热""婚姻家庭剧热""抗战热"等。无论是这些大众影视剧作品的形式还是内容，基本上都是大同小异。大众影视文化作品的类型化趋势使得大众逐渐呈现出审美疲劳和道德关怀淡漠的表征。事实上，大众影视文化作品中过量的感官刺激因素经常会对观众尤其是青少年造成严重的错误引导。例如在美国哥伦比亚中学发生的枪杀案中，肇事学生就是由于观看了《骇客帝国》等一系列充满恐怖和暴力的影片而产生了模仿的冲动，从而导致了惨案的发生。而香港娱乐圈发生的"艳照门"事件，使很多青年学生深受色情照片和录像的影响。"艳照门"以后在学生中层出不穷的模仿事件就是最好的例证。可见，只要大众对大肆渲染的感官刺激充满热情和好奇，以商业效益为导向的大众影视文化作品仍将迎合他们的口味，成为误导观众道德观和价值观的源泉。

大众影视文化的商业本质和娱乐消费功能决定了当今社会的大众影视文化作品不再像经典文化那样承载着社会的真善美本质和人生的真谛，而是成为人们生活中的一次性文化消费品，即快餐式的文化。大众影视文化作为一种快餐文化，表现出了无主题、无深度、平面化、反权威、反传统、反普遍价值和反永恒价值的特征。这种大众影视快餐文化不断取消深度模式，消解精英文化特有的道德理性意义，从而不再肩负对社会和个体的伦理道德取向进行审视和探索的责任，也不再承载文化的道德内涵和审美价值，而是使大众影视文化作品仅成为满足大众感官刺激的途径和方法。同样，这种快餐文化表现出来的平面化特征，使影视文化作品不再具有精英文化的沉重和焦虑，即便某些作品具有一定的主题思想，但其主要目的也是为了满足大众的感官刺激和娱乐消遣。大众影视文化作为一种快餐文化，导致了很多影视文化作品呈现出"昙花一现""转瞬即逝"的局面，即使某些大众影视文化作品在某一时期引起了观众的巨大反响，但由于其本身缺乏深刻的思想内涵和人文价值，也就很快被大众所遗忘，也就很难成为经典。大众影视文化表现出的反权威、反传统的特征，使很多作品的历史感消失，进而表现出碎片化的趋势。比如现在社会流行的很多先锋实验电影，其内容无论在空间还是时间上都具有很大的跳跃性，其图像展示的也不再是某个完整的故事或事件，而是很多片断。

总之，大众影视文化的商业本质和娱乐性特征决定了其必然要迎合大众的口味，满足大众的需求。随着大众影视文化作品的商品化和消费功能的强化，大众的审美兴趣日益集中到游戏消遣和感官刺激，而大众审美兴趣的转变又反过来促使大众影视文化作品缺乏对影视剧本身的人文内涵的深度挖掘和对人性问题的深刻探讨，进而逐渐成为宣扬享乐主义、消费主义、极端个人主义等腐朽思想的平面文化和快餐文化，从而导致影视文化作品人文精神的蜕化和道德内涵的缺失，走向伦理困境而无法自拔。因此，这就要求我们对大众影视文化进行辩证地分析，既要看到大众影视文化的积极道德功能，也要认识到大众影视文化的不足之处。

三、流行音乐的伦理分析

"流行音乐"一词来源于英语"popular music"，是与古典音乐"classical music"及民间音乐"folk music"相对应的一种音乐形式。不同国家、不同时期的文化学研究者对流行音乐的定义也不尽相同。理论界一般认为流行音乐是一种大众文化现象，"是随着现代工业社会的发展、市民社会和城市化兴起以及大众传播的发展而兴起的一种音乐形式，它具有通俗性、娱乐性、商业化等大众文化的一般特征，处在民间音乐（或古典音乐）与严肃音乐（或艺术音乐、高雅音乐）之间，但与它们有着一定的交叉性，它一般包括爵士乐、摇滚乐、乡村音乐、一般流行歌曲等"[①]。

流行音乐产生于19世纪末20世纪初期，风靡于20世纪中叶，是资本主义社会工业化和大众传媒迅速发展的产物。科学技术的进步和工业化生产为流行音乐的制作提供了技术支持，市民社会和现代都市大众群体的形成为流行音乐提供了坚实的受众基础，现代大众传媒的迅速发展则拓展了流行音乐的传播范围。尤其是随着市场

---

① 陶东风：《大众文化教程》，广西师范大学出版社2008年版，第170页。

经济进程的不断推进，流行音乐已经通过各种渠道渗透到社会生活的方方面面，成为现代社会文化的有效载体和当今时代最普遍和最重要的一种大众文化形态。而且，流行音乐的曲风和制作模式也为社会主流价值观的教育提供了多样和有效的途径和方式。

（一）流行音乐的大众文化特征

流行音乐是时代发展的产物。大众传媒技术不断完善和文化工业的异军突起为流行音乐的滋生和发展奠定了坚实的物质基础，而伴随物质生活水平不断提高、消费意识不断觉醒的社会大众则为流行音乐提供了范围广大、商业利润回报丰厚的市场需求。流行音乐表达了社会大众对世界的看法和自身的情感体验，它凭借贴近现实生活的内容、简洁明快的旋律和类型多样的曲风满足了大众的娱乐需求，成为现代大众生活的必需品。因此，流行音乐同流行文学、大众影视文化一样，是市场经济迅速发展的产物，是大众文化重要的形式。当今社会，我们无论走到哪里、身在何处，都会被形形色色的流行音乐所包围。而且，从世界范围看，流行音乐比大众影视文化和流行文学具有更广泛的流行性，拥有更多的受众和更强烈的国际化色彩。可见，流行音乐是特定社会历史背景下产生的社会文化现象，具有典型的商业性、流行性和娱乐性的大众文化特征。

第一，商业性是流行音乐的本质特征。流行音乐是社会化大生产和文化工业迅猛发展的产物，是"逐渐由自生自灭的市民娱乐转变为用工业化生产方式来生产的音乐商品"。① 尤其是在市场经济异

---

① 陶辛：《流行音乐手册》，上海音乐出版社1998年版，第10页。

常繁荣的现代社会，无论是流行音乐的制作流程，还是音乐明星的制造，抑或是流行音乐的宣传和推广，都贯穿和体现了流行音乐的商业本性。流行音乐作为一种商品，必须要迎合大众的口味，满足消费者的需求，最大限度地获取高额利润回报是其最终目标和基本原则。在这一目标和基本原则的指引下，经过多年发展，流行音乐已经形成了一个包括歌手、经济人、生产商、销售商等众多相关人员在内的产业链条，不同的参与者在这个链条中承担着诸如市场预测、歌手形象设计和包装、歌曲创作、工厂生产、商业宣传等一系列的工作角色。

  首先，歌手的发现和选择是流行音乐整个制作流程中的首要环节，因为能否发现真正有潜力的歌手直接决定了整个商业运作过程最终是否能够赢利。其次，音乐的创作和制作完全是商业化和工业化的产物。流行音乐的创作以大众的需求为出发点，表达的是大众的内心体验和情感，目的是引起大众的共鸣，进而占有市场、获得商业利润。再次，流行音乐制作是通过现代化的工业生产将音乐创意变成可以批量复制和销售的音乐文化产品。流行音乐产品的复制规模越大，成本也就越低，获利也就越多，这也就使流行音乐进行扩大再生产的动力越足。最后，流行音乐产品的策划和宣传是这个商业链条中的最终环节。事实上，随着流行音乐商业运行机制的成熟和完善，其宣传和策划贯穿于流行音乐制作链条的始终。现代社会中，产品的策划宣传对于产品的销售和推广发挥着越来越重要的作用，流行音乐制作商在这方面的投入也越来越大，采取的方式也是五花八门。以报纸、杂志、海报为代表的平面媒体和以电影、电视、广告、网络为代表的电子媒体已经被流行音乐制作商熟练应用，明星制造、歌手亮相以及明星绯闻更是吸引了众多的眼球。唱片正式上市后的签名销售、巡回演出和成立歌迷会等，都成为流行音乐的促销手段。可见，流行音乐从创作、生产到销售的每一环节都遵守了市场经济的运行规则，贯穿了商业性的原则。

第二，流行性是流行音乐作为大众文化的又一重要特征。与古典音乐相比，流行音乐的曲式简单，口语化较强，适合个人哼唱和众人传唱。流行音乐摒弃了美声和民族唱法的声音造型，选择了培养周期短、不太注重演唱技巧且贴近人们现实生活的气声唱法，使得歌唱不再是歌唱演员的专利。流行音乐的旋律和唱法与人们的自然嗓音相契合，尤其是类似摇滚乐式的嘶喊使人们在歌唱中释放了压力。

流行歌曲的歌词直白、朗朗上口，且贴近人们的日常生活，使得其更易被大众接受、记住和传唱。比如，北京奥运会期间节奏明快的《北京欢迎你》："……北京欢迎你，像音乐感动你，让我们都加油去超越自己；北京欢迎你，为你开天辟地，流动中的美丽充满了朝气；北京欢迎你，有梦想谁都了不起，有勇气就会有奇迹；北京欢迎你，在太阳下分享呼吸，在黄土地刷新成绩。"一经播出，就凭借其优美的旋律和贴近中国大众生活的口语化歌词，立刻传遍中国大江南北，成为北京奥运期间最流行的歌曲之一。一曲《小苹果》，不仅火爆中国，也被很多外国人接受。当然，流行音乐的流行性如果离开现代传媒的迅速发展，是不可能实现的。这也就是说，如果没有留声机、无线电广播、电视、电脑、手机、Pad等电子媒体的相继发明和推广，真正意义上的工业化流行音乐是不可能产生的。

第三，流行音乐的娱乐性特征是流行音乐产生和发展的重要原因，也是流行音乐所具备大众文化特征之一。音乐作为一种社会文化形式，是"凭借声波振动而存在，在时间中展现，通过人类的听觉器官而引起各种情绪反应和情感体验的艺术门类"①。因此，音乐从其诞生之日起，就具有放松人的心情、舒缓人的压力、调节人的情绪、抚慰人的心灵等娱乐性功能。流行音乐作为音乐发展到大众社会的一种形式，必然具有娱乐性的特征。流行音乐的娱乐性特征体现为多样的曲风和带有趣味性的歌词。流行音乐的曲风呈现出多元化的发展态势，包括诸如爵士乐、乡村音乐、R&B、摇滚乐、灵歌、蓝调、饶舌乐等十几种曲风，可以满足大众的多方面需求。当然，现在的很多流行歌曲是多种曲风的综合体。例如很多歌曲就采用了饶舌乐、R&B、中国民族音乐等多种曲风，其中比较典型的歌曲包括《青花瓷》《菊花台》《千里之外》等一系列中国风歌曲。另外，流行歌曲的娱乐性特征，突出的表现为歌词的内容。比如雪村的《东北人都是活雷锋》、阿牛的《桃花朵朵开》等很多流行歌曲的歌词，都凸显了娱乐性的特征。

可见，流行音乐无论从其产生的原因、发展的过程和运行机制，还是从其本身的曲风、演唱方式和歌词，都体现出了鲜明的商业性、流行性和娱乐性的特征。因此，流行音乐必然成为当今社会大众文化的重要组成部分。

（二）流行音乐的德育功能

音乐是通过有组织的音符构成一定的听觉意象，进而表达人们的思想感情和社会现实的一种艺术形式。它由演奏（唱）者和听众共同参与，以音乐手段（唱、听、奏）作为媒介，通过音响、节奏和旋律塑造艺术形象以及描绘艺术情境，进而实现感染人、教育人

---

① 中国大百科全书编辑部：《中国大百科全书·音乐·舞蹈》，中国大百科全书出版社1989年版，第1页。

的目的。音乐是人类美好情感的凝聚，具有任何其他艺术无可比拟的特殊魅力：一方面，音乐能够培养和发展个体的审美感受能力和创造力，促进个体个性的自由发展；另一方面，音乐能够陶冶情操，促进人们形成健全的人格和成为道德美好、心灵纯洁的人。可见，音乐是人们进行道德教育和道德修养的重要途径，具备着重要的德育功能。

道德情感是人类维系道德生活秩序的重要手段，是行为个体从事道德实践活动的基础。因此，道德情感是人类灵魂的统摄，蕴含着深刻的道德理性，是人类道德行为的最基本的激活因素。道德情感是人类道德行为的源泉，表现为喜、怒、哀、乐，同情和愤慨，是个体道德品质、道德意识和道德习惯的自然流露。音乐本身作为一种情感艺术，"是不假任何外力，直接沁入心脾的最纯的感情的火焰；它是从口吸入的空气，它是生命的血管中流通的血液"。① 黑格尔也在他的美学中反复强调音乐的内容是情感的表现，无论是人的哪一种情感，都是音乐的表现领域。当然，音乐作为一种艺术形式，其表达的情感最主要的是一种审美情感。事实上，音乐所表达的审美情感最终会内化为人的道德情感，成为人们付诸道德行为的动力。人们在欣赏音乐的过程中，不仅获得了美的快感和享受，也丰富了内在的道德情感。

我国儒家的很多思想就将音乐教育和音乐欣赏作为进行道德教育和道德修养的重要途径。《乐记·乐化篇》中将乐教作为六艺之中重要的一项："夫乐者，乐也。人情所不能免也，故人不能无乐。乐

---

① 曹理：《普通音乐教育学概论》，北京师范大学出版社1990年版，第6页。

必发于声音，行于动静，人之道也。声音动静，性术之变也，尽于此也。"① 孔子在《论语·泰伯篇》认为，音乐教育应该贯穿个人修养的全过程："兴于诗，立于礼，成于乐。"苏联著名教育家苏霍姆林斯基指出："音乐文化是培养道德文明和智慧的重要条件之一。美妙的音乐，奇妙的节奏，优美的旋律和那令人心驰神往的音响，是人们道德和智慧的重要手段，是人们形成美好心灵和纯洁精神的来源。"② 同样，音乐所引起的审美情感对道德情感的升华也有着积极的作用和影响。由于人们的美感来源于审美能力和审美情趣，高尚的审美情趣自然会冲淡人的欲望膨胀，低级的感官刺激自然会转化为高尚的内心享受。因此，高尚的审美情感能够防止人沉溺于感官享受而无法自拔，使人从粗俗中超脱出来，变得高雅而崇高。《荀子·乐论篇》指出："凡奸声感人而逆气应之，逆气成象而乱生焉；正声感人而顺气应之，顺气成象而治生焉。唱和有应，善恶相象，故君子慎其所去就也。君子以钟鼓道志，以琴瑟乐心；动以干戚，饰以羽旄，从以磬管。故其清明象天，其广大象地，其俯仰周旋有似于四时。故乐行而志清，礼修而行成，耳目聪明，血气和平，移风易俗，天下皆宁，美善相乐。故曰：乐者、乐也。君子乐得其道，小人乐得其欲；以道制欲，则乐而不乱；以欲忘道，则惑而不乐。故乐者，所以道乐也，金石丝竹，所以道德也；乐行而民乡方矣。"这也就是说，"美感的培养对于道德感的意义在于，它不仅将人导向健康的心灵生活，培养我们的想象

---

① 《荀子·乐论篇》。

② 参见沈致隆、齐东海：《音乐文化与音乐人生》，北京大学出版社2007年版，第95页。

力与灵感，而且激发我们的创造力，陶冶我们的善良心性，从而为塑造一个和谐的社会奠定基础"。①

通过以上的分析，我们可以看出音乐有着丰富的道德内涵，具有重要的德育功能。流行音乐作为大众文化时代的音乐形式，尤其是伴随着大众传媒的迅速扩张，流行音乐已经渗透到人们日常生活的方方面面，这也就使得流行音乐具有比任何一个时代的音乐形式都强大的德育功能。流行音乐拥有着多样的曲风、简单的旋律、直白的歌词，因而具有强烈的感染力。很多流行音乐都深深打动了欣赏者的心灵，潜移默化地陶冶着人们的情操。流行音乐涉及的范围和题材非常广泛，几乎涵盖了人们生活的每个层面。其中，表达亲情的歌曲包括周华健的《亲亲我的宝贝》，满文军的《懂你》，周杰伦的《听妈妈的话》，王铮亮的《时间都去哪儿了》等，充分表达了父母子女之间的浓情厚谊，就像那首曾经风靡全中国的《常回家看看》使多少人潸然泪下的同时，踏上了归家的路。爱情永远是艺术的主题，《甜蜜蜜》《月亮代表我的心》《童话》《我心永恒》《昨日重现》和《十年》等歌曲表达人们在这个浮躁的时代对于真挚道德情感的渴望和追求，那首《最浪漫的事》使多少青年男女再次相信"执子之手，与子偕老"，携手走入婚姻殿堂。另外，越来越多的公益歌曲唤醒了人们的公益心、唤起了人们的公益热情，使得越来越多的人加入到环保、救灾、帮困等一系列的公益活动中来，比如被誉为西方现代音乐教父的昆西·琼斯汇聚众星演绎的歌曲《同一个世界》(We Are the World)，因为其为非洲赈灾基金筹集了5亿美

---

① 陈法根：《心灵的秩序——道德哲学理论与实践》，复旦大学出版社1998年版，第34—35页。

元善款，做出了突出贡献，而被称为20世纪最有意义的歌曲；而反战歌曲则表达人们对人性的关注和对和平的向往，伍佰的《白鸽》、黄家驹的《光辉岁月》，几乎感染了所有20世纪70年代出生的人，而这些人已经成为当今社会的中坚力量。

流行音乐作为音乐文化发展到消费社会的产物，虽没有交响乐的气势磅礴，也没有色彩斑斓的中国民间器乐的小桥流水，但其凭借极强的亲和力、强烈的时代感、简单明快的旋律和多样的形式，拥有着其他音乐形式无法比拟的感染力。流行音乐更易打动人的内心，更易引起欣赏者的共鸣，这也就使得音乐的德育功能在流行音乐这里得到更充分的发挥。但是，我们也可以看到，流行音乐对于电子乐器的过度使用和对歌词直白性的过分追求，也使很多流行歌曲成为"靡靡之音"，进而消解了音乐的道德内涵和伦理价值。

（三）流行音乐的伦理困境

流行音乐是特定历史条件下产生的社会文化现象，反映了现代社会大众的生活现状和生活观念，传递出了现代人的审美情趣和道德追求。流行音乐具有通俗浅易、贴近生活和娱乐性强等特征，娱乐大众是其最主要的社会功能。与古典音乐不同，流行音乐的欣赏者不需要具备很高的文化素养和音乐知识，只要是听过几遍，即使是三岁孩童也可以跟着流行音乐轻声和唱。人们在欣赏流行音乐的过程中，宣泄了情绪，缓解了压力，放松了心情。很多流行音乐一经播出，立刻就会红遍全球。流行音乐满足了人们对于轻松愉悦的休闲方式的需求，其存在和发展具有一定的社会合理性。但流行音乐毕竟是市场经济的产物，带有很强的商业性、消费性特征，这就使得流行音乐呈现出平面化、快餐化、肤浅化和反传统的发展趋势。

流行音乐的商业性本质决定了其存在的最终目的就是要获得高额的商业利润，这就使得流行音乐制作商不断地强化流行音乐的商业价值，即追求流行音乐的"卖点"。在流行音乐体系里，明星或明星神话就是品牌，就是消费者的一种消费信仰和消费社会的主导意识形态。对于流行音乐生产商来说，充分运用消费意识形态的运作机制是获取高额利润的关键。流行音乐生产商为了引导大众消费，几乎是集公司之力，借助现代工业的最新技术和大众传媒的力量，从形象包装、仪态规范甚至说话方式等方面对歌手进行全方位打造，进而设计出大众眼中完美无缺的前台代言人——明星。在大众眼中，明星是璀璨舞台上集万千宠爱于一身、光彩夺目的神话般的偶像，是人们美好愿望的现实表达，是人们追捧的对象。近些年来，日益增长的庞大"粉丝"团体、花样繁多的"真人秀"以及各种"造星运动"，已经充分证明了这一点。由于各类选秀活动具有很强的参与性，可以获得巨大的商业利润回报，各大媒体都纷纷将"平民造星运动"进行到底。这种商业利润原则指导下的造星运动，使商业价值成为衡量歌手水平的唯一标准，使歌手成为"待价而沽"的商品。

另外，在大众道德水平和审美情趣不高的社会条件下，某些专业道德素养不高的歌手成了众人追捧的明星。大众尤其是青少年对于明星的追捧不仅仅表现为对其歌曲的热爱，还表现为对于歌手的兴趣、爱好、生活方式甚至个人感情生活的关注，这就使得很多歌星频频被曝光的奢华生活和混乱的个人生活方式，对以青少年为主体的"追星一族"产生错误的价值观和人生观的引导。比如，一些青少年对自己喜欢歌手的"吸毒""酗酒""假唱"以及混乱的个人生活等错误行为，不但不加以斥责，反而采取了宽容和同情的态度，甚至开始模仿这些错误的行为。而歌手一夜成名的经历和奢侈生活所体现出的极端个人主义、消费主义和享乐主义道德观，则深刻影响了大众尤其是青少年价值观和世界观的形成和发展。

流行音乐是现代化大工业的产物，具有很强的复制性和流行性，这就使得流行音乐成为一种"快餐性"的文化。流行音乐的复制性则体现为歌曲的"模仿"。法兰克福学派的理论家阿多诺就曾经指出："流行音乐的音乐标准最初是在竞争过程中发展起来的。当某一首歌曲获得了巨大成功后，就会涌现出上百首模仿的歌曲。成功的曲调、类型以及元素间的'比例'都被模仿，而这一过程最终达到标准化，并在市场上成为一种强制性的东西，甚至变得专横起来，不顺从这种游戏规则就会受到排斥。这种标准形式甚至被赋予了权威的豁免权——'国王是不会犯错的'。"① 流行音乐的这种复制性，使其作为艺术形式的创新精神和自我完善的道德价值逐渐丧失，而是呈现出了一种来时迅猛如潮，去时又如云烟顷刻散尽，无影无踪的发展态势。流行音乐的模式化，根源于流行音乐的商品本性，而这种廉价的模仿，使得很多流行音乐放弃了对审美情趣和道德内涵的追求。流行音乐一旦失去道德理性的指引，其艺术生命必将非常短暂。流行音乐的流行性，也是其复制性的突出表现。随着社会文化语境的转型和大众消费心理的改变，流行音乐也在不断发生变化。但是，流行音乐的这种变化不是艺术的创新，而是现代经济"生产过剩"和大众"用过即扔"的消费习惯的表现，这就使得流行音乐

---

① 陶东风：《大众文化教程》，广西师范大学出版社2008年版，第183页。

越来越成为享乐主义和消费主义价值观的代言人，进而严重影响了大众道德观的形成和对社会终极价值的追求。

　　流行音乐的复制性和流行性使其成了一种不折不扣的"快餐文化"，而流行音乐内容的肤浅性、庸俗性和道德价值的缺失又使得其娱乐功能更加凸显。娱乐成为流行音乐的目的和吸引大众的力量，而大众对流行音乐的参与，也仅剩下了消遣和娱乐。在现代社会中，市场经济的迅速发展严重冲击了社会的伦理关系，爱情成为了当今时代最复杂的现象和人们最大的情感困惑。流行音乐正是抓住了人们的这种情感困惑，从而使爱情成为流行音乐的主题。事实上，很多流行音乐将爱情作为主题，并不是像《梁祝》一样，充满了对真挚情感的追求，而是将爱情当成一场游戏、一场梦，提倡及时行乐和"快餐式"的感情，给整个社会尤其是青少年的心理健康造成了严重的影响。比如《广岛之恋》的歌词就写到"超越道德的界限""24小时的爱情，怎能让它匆匆流走"，类似的歌曲还有《千万次的问》《糊涂的爱》《明天你是否依然爱我》等。还有的流行音乐作品更加"大胆"，比如近期文化部开展的对内容违规的网络音乐作品的集中排查中，一些含有宣扬淫秽、暴力、教唆犯罪或者危害社会公德的网络文化作品被依法惩处。这些作品完全将人与人之间感情的温婉和含蓄抛之脑后，不断挑战人们的道德底线。

　　可见，流行音乐的商业性和娱乐性使流行音乐的内容庸俗乃至粗俗，道德质量不断降低，使大众沉湎于"靡靡之音"的感官享受中而逐渐丧失了道德理性的反思能力。流行音乐的媚俗趋势，必然使享乐主义、消费主义和纵欲主义等错误价值观及偶像崇拜成为其宣扬的主题，从而降低流行音乐的伦理价值和道德精神，这也必然导致流行音乐的德育功能日趋减弱。尤其是青少年在这些流行音乐的不良影响下，引发了人格的不健全，进而成了流行音乐的牺牲品。因此，流行音乐既包含着积极的德育功能，也对社会道德体系的健康发展有着负面的影响。

四、广告文化的伦理分析

广告是一种与人类的社会发展相伴随的信息传播现象，而现代意义上的商业广告则是商品经济高度发展的产物，是消费社会形成和社会信息化的重要表征，也是消费文化的重要组成部分。但广告作为一种传播信息的方式，在很多时候也被用于社会普遍价值观或主流价值观的宣传，比如随处可见的有关无偿献血、希望工程、环境保护等众多的公益广告，就是广告这种传播方式与社会主流价值体系的有效结合。

伴随市场经济的迅速发展，广告文化已经渗透到当代人们生活的每一个角落。我们正在被越来越丰富的广告文化所包围，我们的视野里从未被如此多的广告所占据，我们的信箱也从未被如此多的花花绿绿的广告所塞满。我们都在自觉或不自觉地在不同程度上接受着广告所产生的心理渗透，广告成为我们购买商品的指导和依据。广告不仅引发了我们的需求、支配着我们的情感，甚至改变了我们的生活方式和道德观念。

（一）广告文化的大众文化特征及功能

现代意义上的商业广告是西方后工业社会的产物，它以推销商品为动力，以煽动人们的消费欲求为手段，以获得商业利润为最终目的。对于不同的社会主体，广告的意义也不尽相同。对于商人来说，广告的意义在于利润的增加；对家庭主妇来说，广告的意义在于购置商品，用以满足家庭需要或减轻家务的负担；对明星来说，广告则意味着丰厚的酬金和高出镜率。因而，不同的人或学者从不同的角度，对广告的定义也不尽相同。我们一般将现代意义上的商业广告定义为："一种由某个特定的出资人发起的，通过大众传媒进行的非个人化的有偿沟通方式，其目的是说服或影响某类受众。"①

随着大众传媒的发展，广告被赋予了更多的文化内涵，成为大众文化的一种重要形式。它同商品、大众传媒和时尚一起共同构成了大众消费文化。现代广告文化已经成为消费社会不可或缺的话语体系，它以独特的方式沟通着人与物、人与人之间的关系，体现了鲜明的大众文化特征。

商业性是广告文化的本质特征。广告文化的产生和存在的最终目的就是要吸引消费、扩大销售，获得高额的商业利润。广告凭借强大的传媒力量侵入我们的生活，"它针对人的欲望和心理精心设计出一系列美轮美奂的形象和引人入胜的氛围，它使人对商品的主动占有关系颠倒成为广告对人的消费活动的主动介入甚至控制，在以艺术品位自居的广告的指引下，人们成为被广告形象所引诱的'饥渴者'，满怀期待和欲望地走进丰富多彩甚至天花乱坠的虚拟形象世界中"。② 现代广告在制作过程中，强调和突出了商品的符号价值和身份认同功能。各种广告扑面而至，不断向人们宣称，只要购买了这种商品，你就会获得广告中所宣扬的生活方式或成为拥有这种生活方式的有品位的人。这时，品牌已经不再

---

① 王一川：《大众文化导论》，高等教育出版社2007年版，第164页。
② 徐放鸣等：《审美文化新视野》，中国社会科学出版社2008年版，第206页。

仅仅是商品本身质量和功能的代表，而成为一种身份的象征。比如名车、名表、名酒、名牌服饰等奢侈品的广告更是热衷于展现豪华、典雅、时尚以及俊男美女等一系列构成所谓的"成功人士"的生活方式的元素。

广告文化作为大众文化主要形态的另一个特征是其复制性。广告文化通过不间断的形象重复来刺激观众，遵循"谎言重复三遍就会变成真理"的要旨，加深大众对广告的印象，刺激消费者掏钱购买广告所宣传的商品。在一定意义上，我们甚至可以说，广告是现代传媒手段运用最充分效果最显著的一种文化形态。电视、电脑、手机、电影、电视剧、音乐、微博、微信，以及报纸、书刊、杂志等传统媒体，共同构成了广告文化的载体网络。法国社会学家鲍德里亚将广告所创造出的精美形象称为类像。在他看来，类像是文化工业大规模复制的产物，是数以万计的复制品，艺术品所蕴含的道德内涵和价值追求丧失殆尽。就如阿多诺所说："到处都是同样的广告，到处都是机械地重复宣传同样的文化工业产品，甚至采用同样的宣传用语。到处介绍和推广人们使用文化工业产品的技术、心理状态和经验。到处都宣传奇特的但有时令人信任的、轻松的但又是印象深刻的、富丽堂皇的但又是朴素的范例，以便吸引分散的具有各种各样意见要求的顾客。"① 可见，广告文化是现代文化工业的产物，具有鲜明的大众文化特征。

广告文化作为大众文化的主要类型之一，承担传播商品信息和推销商品及服务的经济功能的同时，还承载着使消费者认同并接受一定的人生观、价值观和道德规范的社会功能。究其原因，则在于

---

① ［德］霍克海默、阿多诺：《启蒙辩证法》，洪佩郁、蔺日峰译，重庆出版社1990年版。

广告文化只有在适应和契合大众文化心理的前提下，其所承担的传播功能、说服功能和消费导向功能才能实现。广告作为文化形态承担的社会功能如下：

第一，社会影响力。广告的平等性和社会共享性使其拥有了其他任何文化形态所没有的社会影响力。欣赏广告文化，既不需要观众深厚的文化修养，也不需要显贵的社会地位；既没有长幼之序，也没有男女之别。这就是所谓的"广告面前，人人平等"，社会上所有的个体都是独立的消费者，都有权享受同样的服务，消费同档次的商品。广告文化所宣扬的消费意识、生活态度和道德观念必将对社会原有的道德体系产生重要的冲击。

第二，社会控制功能。一定社会的广告文化必然受到当时社会经济、政治、文化环境的影响，尤其是国家行政条例、法律和法规对广告行为的约束和引导，都会在广告文化的制作和传播过程中表现出来，这就使得广告文化在一定程度上具有了社会控制功能。

第三，社会教化功能。一定意义上讲，广告文化的商业本性只有建立在审美价值和道德价值的基础上才能够实现。一部广告作品，只有通过情景设计、艺术包装等一系列的艺术加工，才能引起消费者的注意，启发消费者的消费联想，进而唤起消费者的消费欲望和消费行为。广告文化给消费者带来的审美愉悦是消费行为的直接动力，而广告制造商和商品制造者所遵循的道德规范则直接决定了广告文化的审美情趣。在高尚的道德情操指导下的广告文化必然倡导合理的伦理秩序和正确的价值取向，而依靠虚假广告和色情诱惑吸引消费者的广告必然是广告道德缺失的产物。

因此，健康向上的广告文化对于社会大众有着重要的道德教育和道德规范引导功能。比如倡导以公众服务为主题的各类公益广告对于引导公众的公益精神，规范社会大众的道德行为，引领社会道德风尚，具有重要的社会教育功能。

（二）广告文化中的道德失范现象

在现代社会，广告文化作为一种重要的大众文化形式，不断渗透到我们的日常生活中，控制着我们的消费趋向，影响着我们的审美情趣和伦理价值的取向。法国著名广告评论家罗贝尔·格兰曾一针见血地指出，我们呼吸的空气是由氧气、氮气和广告所构成的。随着市场经济的不断深化，广告的商业本性促使人们越来越重视广告的经济效益而忽视其社会效益，广告文化中的道德失范现象日趋凸显。

同时，伴随新媒体时代的来临，电子邮件广告、手机短信广告、植入式广告、微博广告、微信广告、微电影广告等新的广告形式层出不穷，加之相应的管理办法有待完善，一些广告商在经济利益的驱动下，无视道德规范，大量发送"点对点"式的垃圾、色情及虚假广告，严重损害消费者利益的同时，也污染了社会风气。

事实上，广告文化中之所以出现大量道德缺失现象，既是因为社会价值体系转变和市场经济体制不健全等外部原因，也是因为广告文化自身的诸多缺陷。广告文化中存在的道德缺失现象，大体表现在以下几个方面：

一是诚信原则的缺失。诚信是广告文化的永恒话题，但在高额经济利润的巨大诱惑下，广告文化中的诚信缺失现象严重。虚假广告是诚信原则缺失的突出表现。虚假广告是广告主体为了牟取不正当利益而对商品的功能或服务的内容所做的不真实传播。它通过夸大商品的功能和质量及借明星说假话等方式误导消费者,使消费者做出错误判断,上当受骗。虚假广告严重侵害了消费者的合法权益,冲击了社会正常的经济秩序,破坏了社会公平诚信的伦理规范。尤其是很多与食品、药品和医院相关的虚假广告,不但损害了消费者的经济权益,甚至威胁了消费者的生命安全。比如轰动一时的"三鹿奶粉"广告案,使得中国奶制品业以至中国整个食品行业的诚信度遭到了全社会的质疑。还比如个别私立医院,通过各种广告夸大治疗效果来吸引患者,给患者及其家属带来了很大的痛苦。

二是错误价值观的诱导。现代商业广告已经渗透到大众日常生活的各个层面,而作为一种大众文化形式,所蕴涵的道德内涵和道德观念必然通过广告的内容和形式体现出来。很多广告为了给商品附加更多的符号意义,增加商品的价值认同和身份认同功能,即"只要你拥有了这种商品,你就会拥有这样的生活方式和社会身份",从而使很多广告在宣传商品的过程中,提倡奢侈享受和物欲的满足。比如,一些消费者在广告的诱导下,错误地认为高品质的生活是由别墅、香车、美女和混乱的感情生活构成的。由此可见,广告文化所表达出来的消费主义、物质主义、享乐主义等伦理观势必对大众的人生观和价值观产生误导,从而导致人性的物化和扭曲。

三是性别歧视问题严重。在现代广告中,女性及女性的身体成为商业时代的最大卖点。广告中充满了女性形象,甚至有人认为"广告=商品+女人"。对美的追求是人的天性,女性美和男性美共同构成了社会的整体美,这也说明了女性美与男性美在社会中本应具有同样的社会地位。现代商业广告则将女性美和女性的身体美作为了主要的展示内容,更有很多广告将女性的身体切割成单独的部分,并有意放大。这也就是为什么我们经常在偌大的广告牌上只能看见一张娇艳的红唇、一双修长的大腿或是白皙的女性美背。广告中的这种对女性身体的过分描绘和关注，使得女性处于一种被看、被欣赏的地位，女性成为取悦男性的尤物。因此，现代广告对女性及女性身体的关注是社会男女不平等和性别歧视问题的突出体现，也是传统男权社会腐朽道德观的遗毒在作祟。

四是对生态伦理问题的忽视。广告文化的产生和发展得益于大众传媒的迅猛发展，而大众传媒的发展则归功于现代科技的进步。现代科技的不断进步，使得广告的制作、生产和传播发生了历史性的变革，正是在这种前提下，现代意义上的广告文化才得以产生。但是，现代科技的迅猛发展是以牺牲生态平衡、破坏自然环境为代价的，是科技理性战胜道德理性的产物。广告文化对物质主义、享乐主义和消费主义伦理观的宣扬，必然会促使更多的人去追求物质享受。生产商通过不断更新的广告向人们推介新产品，促使人们为了紧跟所谓的时代潮流，而不停地购买新产品，循环往复，势必给社会资源造成巨大浪费。比如当今时代令人目不暇接的手机更新换代广告，就成为很多年轻人追赶时尚的风向标。尤其是年轻人越来越注重手机的外形、款式和附加功能，从而弱化了手机的基本通讯功能。而手机频繁的更新换代又造成了社会资源的严重浪费。

总之，现代意义上的商业广告是市场经济迅速发展的产物，由于其商业特性，经济利润必然成为其追求的最终目标。而广告文化对经济利润的过分关注则导致其忽视社会的诚信原则和生态伦理问题，进而误导社会道德观、价值观和社会男女平等问题的健康发展和进步。

（三）广告伦理的形成

通过以上分析可以看出，广告文化中存在着大量的道德缺失现象，严重影响了社会正常经济秩序和良好社会风尚的形成。广告文化是市场经济不断深化和消费社会发展的产物。尤其在市场经济大潮冲击下，传统价值观逐渐丧失原有约束力，消费主义、拜金主义、极端个人主义、享乐主义等错误价值观泛滥，广告文化在很多方面也出现了道德失范现象。广告文化的商业属性，一定程度上决定了广告文化的最终目的是为了实现商业利润最大化。这就使得很多广告商在经济利益面前，通过夸大商品使用价值和功效或采用低俗下流的广告形式，甚至是虚假广告来欺骗、诱惑公众，进而达到刺激消费的目的。

广告制作商本身职业素养不高，审美趣味偏低，以及社会责任感不强是造成广告文化中存在大量的道德失范现象的主观原因。比如有些广告制作商缺乏相应的职业道德精神，不择手段追求金钱，挖空心思做虚假广告，搞不正当竞争，从而扰乱了市场经济的正常秩序。大众传媒行业内部运行和管理机制不健全也是导致广告文化中的道德缺失现象不断出现的外部原因。比如一些广告公司为了迎合生产厂商的意愿，不断降低对广告内容和形式的质量要求。大众传媒则在利益驱使下，任由这些质量低劣，甚至内容虚假的广告在各种媒体上泛滥传播。

此外，社会道德评价和舆论监督是发挥道德规范约束力的重要手段，现代广告文化作为一种大众文化形式，由于出现较晚，其本身的内外监督机制还有待完善。尤其是在我国，广告文化产业仍处于初级阶段，人们将更多的精力投入广告行业本身的实践中，从而忽视了广告文化产业内部和社会大众的外部监督体系的构建。广告文化的外部监督既包括社会大众对广告文化所进行的道德评价和舆论监督，也包括大众传媒对广告文化的遴选和监管。大众传媒是现代广告文化传播的主要媒介和途径，只有大众传媒坚持道德原则，承担起相应的社会责任，严把质量关，才能真正杜绝质量低劣的广告文化作品流入市场。而社会大众健康的审美趣味和正确的道德舆论导向，则直接影响着广告文化作品的表达方式和表现手法。

广告伦理就是在这种情况下产生并逐渐发展起来的。广告伦理是指广告从业人员在广告制作和传播的过程中所应遵循的伦理原则和道德规范。"广告伦理调整的是广告主体与受众之间的关系，确立的是一切与广告活动发生关系的广告参与者的行为准则和规则，研究的重点是广告伦理体系的实现与构建。"① 现代广告实践经验的积累和沉痛教训，是广告伦理体系构建的事实依据，数十年来的广告规范理论研究以及各种广告法、广告行为准则、广告自律准则等的建立与逐步完善，为社会主义广告伦理体系的构建提供了理论支持。可见，广告伦理原则是广告制作和传播的出发点和落脚点，也是衡量广告价值的最高标准，任何有悖于广告伦理原则的广告文化现象和行为都应依法予以纠正甚至取缔。

广告文化作为一种大众文化形态，蕴含着一定的道德内涵，发挥着一定的伦理导向功能。广告伦理是对广告实践过程中广告从业人员所应遵循的道德原则和道德规范的总结，是对广告文化所蕴含的道德内涵和伦理导向功能的体现。广告伦理作为广告文化

---

① 肖继军：《我国广告伦理及其社会作用初探》，载《长春理工大学学报》（综合版）2005年第4期，25—27页。

实践过程中的一种内在约束力量，引导着广告文化的发展方向。广告伦理对广告从业人员及广告实践活动的社会功能表现为以下三个方面：

第一，利益协调是广告伦理的首要功能。广告伦理以善恶作为评判标准，以社会评价、舆论监督、教育指导等方式作为调节手段。经济利益关系是广告活动中的主要关系，广告伦理的协调作用主要体现为对利益主体关系的调节。广告活动是一种经济行为，广告商为了在市场竞争中取胜，占有更多的市场份额，获得更多的经济利润，不惜采用虚假广告、有偿新闻和性别歧视等多种不道德手段，从而给社会正常秩序造成了严重的危害。广告伦理在肯定其追求合法经济利润的前提下，通过对广告主体利益关系的协调，使其遵守一定的社会道德规范和道德原则，承担起相应的社会责任，进而规避由过分追求经济利益而导致的各种不道德广告的出现。道德评价和监督是广告伦理协调广告主体利益关系的重要手段。广告伦理中的道德评价既包括广告主体自身的自我评价，也包括社会的舆论监督。只有广告主体自身的自我评价和社会舆论的外在评价共同作用，才能协调好广告活动中的各种利益关系，才能形成健康良好的社会广告秩序。

第二，教育引导是广告伦理的重要作用。广告伦理通过社会评价、激励等方式对广告主体的不道德行为进行谴责、对其善行进行赞赏，从而形成惩恶扬善的社会舆论氛围，其目的是对广告主体进行道德人格塑造和道德行为的规范。比如对那些诚实守信、健康向上且具有社会道德教育的优秀广告要给予赞扬。而对那些不道德的行为除进行依法惩治外，还应在大众传媒中进行曝光，对相关责任人还要进行必要的道德教育。广告伦理的教育引导作用的充分发挥，必然有助于广告主体将外在的舆论压力转化为自觉的道德信念和道德良心，促使道德原则由"他律"向"自律"的转化。比如对于很多生产商制作的公益广告就应该得到积极的鼓励和表扬。

第三，道德约束是广告伦理的最重要作用和最终目的。无论是广告伦理的利益协调作用，还是教育引导作用，其最终目的都是要通过道德规范和道德原则对广告主体的行为进行规范和约束。广告伦理的道德约束通过调节、评价、教育和引导等方式发挥作用，进而将广告主体所应遵守的道德规范和道德原则转化为广告从业人员自身的道德良知，将他律的道德约束转化为内心的自律精神，将对道德原则的被动遵守转化为道德的自觉。广告伦理的道德约束功能使广告从业人员自觉自愿地遵循道德原则和规范，自觉地约束自身的行为，进而从根本上杜绝广告活动中的道德缺失现象。

可见，广告伦理所具有的利益协调功能、教育引导功能和道德约束功能对于提高广告从业人员的道德自律精神和社会责任感，规避广告活动中的道德缺失现象具有重要的作用。广告伦理社会功能的有效发挥，必将有助于广告从业人员形成正确的善恶评价标准、积极健康的荣誉心理和优秀的道德品质，从而实现广告文化的可持续、健康发展。

五、网络大众文化的伦理分析

当今社会，网络已经成为人们日常生活、工作和学习不可或缺的传播媒介和交流手段，我们的社会已经进入了网络时代。作为一种新的传播媒介，网络不仅被用于社会精英文化和主流价值观体系的传播网络，而且已经催生并造就了一种新型的大众文化形态，即网络大众文化。网络大众文化是一种全新的文化景观，它是由通过计算机网络进行传播的各种符号所构成的表意系统，也是在网络物质条件基础上所进行的精神创造。它"以人类最新科技成果的互联网和手机为载体，依托发达而快捷的信息传输系统，运用一定的语言符号、声响符号和视觉符号等，传播思想、文化、风俗民情，表达看法观点，宣泄情绪意识，从而垒筑起一种崭新的思想与文化的表达方式"①。网络大众文化是人们日常生活形态、行为方式、思维模式和心理特征等在网络上的表达。

一般而言，我们通常接触的网络文化包括两种形态，一种是在互联网上直接生成的文化。这种文化是在利用互联网进行媒介技术传输和人际互动交流的过程中形成的符号表意系统及其文化成果。在互联网上直接生成的文化形态是网络文化区别于其他大众文化形态的最主要特征，是网络文化的核心。比如网络上大量存在的网络文学作品、个人主页、博客、微博、微信等网络生存模式就是网络文化的显著标志。网络文化的第二种形态，是指将互联网仅作为一种传播技术使用的文化形式，即在网络上上传或下载已经完成的文化作品。将制作好的新闻、文学、影视、美术和音乐等作品通过网络上传，大众又通过网络进行浏览、欣赏和下载，也是网络文化的重要组成部分。因此，网络文化是当今时代重要的文化现象，是现代大众的一种特殊生存模式，它必然深刻影响人们的审美趣味、价值观念、道德追求和人生理想。

---

① 周成龙：《网络文化的时代特征及其伦理意蕴》，载《兰州学刊》2009年第1期，第127—129页。

(一) 网络文化的大众文化特征

网络,或者互联网的产生和发展使人们进入了一个以电子媒体为基础的网络社会。在网络社会中,人们主要通过网络获得和传播信息资源,通过网络进行交流,甚至在网上完成恋爱、结婚、生子等最基本的人类生存活动。网络社会的政治、经济和文化结构与现实社会有着完全不同的特点:网络化的组织机构和形式更加灵活机动;网络影响下的经济联系更加密切,信息环境更加多样化;网络下的文化发展也更加多元化。如美国著名社会学家曼纽尔·卡斯特所说:"网络就是一组相互联结的结……是一个开放结构,能无限扩展,所有的结点,只要他们共享信息就能联系。"①

以网络为基础的现代社会是一个高度动态和开放的系统,人们通过网络不仅可以及时地获取信息和发布信息,也可以冲破时间、空间、文化、身份等现实界限,实现真正的无限制沟通。互联网改变了人类生存和文化交流的基本模式,而且,互联网与文化的相互联系改变了传统的文化形态,形成了新型的大众文化形态,即网络大众文化。可见,网络大众文化是伴随着互联网的成熟和完善而不断发展兴盛起来的,是现代科技进步的直接产物。诚然,网络大众文化作为大众文化中的一种主要类型,必然体现着大众文化的诸多特征。

首先,商业性是网络大众文化的根本属性。与其他大众文化形态一样,网络大众文化产生和发展,其最终目的也是为了在最大限度上获取商业利润。网络大众文化产生于市场经济大潮中,是典型

---

① [美] 曼纽尔·卡斯特:《网络社会的崛起》,夏铸九、王志弘等译,社会科学文献出版社 2001 年版,第 570 页。

的商业文化和消费文化。网络作为一种新技术具有强烈的实用价值。商业企业可以通过网络完成除实物商品的加工和生产之外的所有经营活动。迅速便捷的网络手段缩短了企业运营的周期，减少了商业环节，节约了产品的成本，甚至企业本身的网站建设也将直接影响相应的商业利益回报。比如现在流行的纯商业网站，由于节约了运营成本，使得商品的价格远远低于其他商业实体销售的产品，因而具备了很强的市场竞争力，而其低廉的价格也深受大众的欢迎。

网络大众文化呈现给大众的是一种超文本的影像、图文、声音等符号信息，这种符号信息成了商品使用价值的替代品。大众为了从网络大众文化中获得娱乐消费信息和情感体验，就需要不断地点击网络页面。而大众的点击率是各大网站获得商业利润的手段，这也就使得网络大众文化带有了强烈的商业特征。尤其是一些纯商业性质的游戏网站，为了吸引大众，获得更高的点击率，几乎集中了影像、声音等多种媒体元素，使玩家在网络的交互体验中获得游戏的快感。网络游戏开发商则从大众的网络点击率中获得相应的商业利润回报。但是，大众对网络游戏的过度沉迷则会导致玩家尤其是很多青少年，由于痴迷于网络虚拟世界而对现实道德生活淡漠。而且，网络游戏的费用通过升级而不断地增多，这就使得很多学生为了支付不断追加的游戏费用而走上了犯罪的道路，从而给青少年的道德教育和社会的道德体系建设造成了相当恶劣的影响。

其次，大众性是网络大众文化作为大众文化的重要特征之一。网络大众文化的传播方式打破了时空的限制，使得任何人在任何时候以及任何空间都可以共同享用同一文化。网络大众文化的共享性从根本上实现了文化产品的无限生产和复制，也使文化真正成为所有人都可以享用的商品。网络大众文化不仅从技术上使文化共享成为可能，也从内容上彻底消弭了精英文化和大众文化间的界限，任何形式的精英文化都可以在网络上传播和廉价下载，也可以在网络上被大众另类解读。比如网络流行的长胡子的蒙娜丽莎像，就是网友通过网络手段对达·芬奇的这幅经典名画所做的"搞笑"解读。尤其是网络技术所带来的数字化生存方式，使得网络技术的虚拟性功用泛化，大众在网络虚构的空间里，可以无拘无束的生活。网络大众文化中蕴含的这种虚拟特性吸引了无数的社会大众成为网民，也导致了网络道德缺失现象的严重化。可见，无论是从网络技术本身，还是从网络文化的内容来看，大众性都是网络文化的重要特征之一。

最后，娱乐性是网络大众文化的又一重要特征。娱乐性是网络大众文化得以迅速发展的重要推动力之一。在这个以网络信息为主体的时代，人们的社会生活已经发生了深刻的变化。尤其是"产业流水线、水泥钢筋、商品营销以及种种科学的理性的都市制度，都在合力消灭着人类生命的原始锐气，使人类的异化程度越来越高。于是，现代人类都有从现代文明中逃逸出来的念头和想法，经历了一次又一次努力与挣扎，但最终发现的是生命的残酷和无助，落入宿命的怪圈"①。而网络大众文化则借助现代网络技术的强大传播力量和虚拟、隐匿的娱乐方式满足了大众对娱乐的需求。从对情色、暴力描写的迷恋，到暴露狂式的自我展现，网络写手为了取悦大众将自己的隐私改造成大众娱乐的工具。比如最早凭借网络成名的"芙蓉姐姐""菊花姐姐"，就是依靠哗众取宠的言辞和很多不堪入目的丑态迅速成为"家喻户晓"的网络红人。网络大众文化的娱乐

---

① 陈灵强：《多维视野中的大众文化》，浙江大学出版社2007年版，第284页。

性特征，不仅仅包含这些以享乐为目的的电子文本，还包括各种聊天室、即时通讯、BBS、MSN、QQ、微博、微信、网络日志、简书等。现在的人们，通过网络聊天、游戏、交友等进行一系列的游戏活动。

可见，网络大众文化的泛娱乐化趋势是其发展的主要趋势，正如英国传媒大王鲁贝特·默多克在传媒界曾宣告全球的"文化娱乐化"时代已经到来。"让我们娱乐至死吧"这句网络大众文化中最具号召力和吸引力的口号又使我们对它的娱乐性特征有了深刻的认识。在这个口号的号召下，整个现代社会在信息网络技术的推动下变成了一个"众神狂欢"的舞台，从而给整个社会的道德风气和大众的道德观造成了严重的危害。

（二）网络大众文化中的道德失范现象

网络以及网络大众文化的出现，彻底改变了现实社会中人与人之间的交流方式和社会关系，人与人之间呈现出了以符号化为特征的全球化交往模式。网络大众文化扩大了人际交往时空的自由性，拓展了人际交流的交互性，推进了社会的民主化进程。尤其是网络大众文化作为人类文化教育和道德教育的载体，扩展了人类道德实践活动的领域和范围，推动了人类道德的进步和发展。但是，网络大众文化作为一种大众文化形态，具有商业性、大众性和娱乐性的特征。商业性是网络大众文化的本质特征，商业利润是其出发点和推动力，这就使得网络大众文化在发展和传播的过程中，出现了很多道德失范现象。

网络是网络大众文化产生和发展的技术根源，是科学技术进步的产物。网络技术本身给网络大众文化带来了虚拟性和隐蔽性的特征，人们在网络上可以成为任何人，可以做任何事，甚至是违法的事，而网络技术又无法弥补自身的不足。网络技术的漏洞就成为大众网络文化道德缺失现象的根源之一。另外，网络社会本身是一个虚拟社会，有着相对现实生活较宽松的道德环境和伦理道德标准。网络主体在网络虚拟社会中没有外在的法律和道德的强制约束，人们可以按照自己的自由意志进行活动，可以扮演生活中不能或不敢扮演的角色，也可以实现多年的梦想。正是因为网络空间有着宽松的道德环境和高度的自由性，人类的物质欲望和自然欲望在网络空间内泛滥起来。与此同时，与网络文化相关的很多法律、法规和道德规范体系还很滞后，尤其是网络文化内容和形式的日新月异，网络伦理问题层出不穷，更使相关的法律、法规和道德规范显现出一定的局限性。可见，网络文化本身的技术缺陷，网络主体的道德自律性较差，以及相关法律和道德规范体系的不健全，导致了网络文化发展过程中出现了一系列的道德失范现象。

网络大众文化中的道德失范现象是指在网络社会生活方式总体合理的前提下，由于网络生活中的基本道德规范缺失和不健全所导致的有悖于现实社会道德原则和规范，危害网络正常秩序的道德现象和道德行为，诸如黑客、网络诈骗、网络色情、虚假信息公布以及侵害个人隐私等行为。从总体来看，网络大众文化中的道德失范现象表现为传统价值观的解构、网络主体的社会责任问题和网络道德秩序问题。

第一，网络大众文化对传统价值观的解构。网络技术给大众提供了一种新型的超文本阅读方式，这种方式完全不同于纸质书籍的线性阅读模式。人们通过网络可以多向度的重组信息，或以不同顺序来获得不同的体验。但是，网络大众文化的超文本性特征必然导致文学艺术的碎片化,这就使得一些无主题的、无道德内涵和反传统价值观的"滥觞文学"泛滥起来,进而使传统价值观不断地被消解。另外,网络社会空间的自由性,使得网络文化的主体呈现出多元化的趋势。人们通过网络可以毫无顾忌地表达自己的思想,展示自己的个性。但是,在网络文化构成的世界中,网络主体不再是活生生的现实个体,而是成为一种虚拟的、可变的符号。这就使得网络主体成为权力中心,从而导致了绝对个人主义和自由主义思想在网络文化中泛滥开来。原有的传统价值观体系在绝对个人主义和绝对自由主义伦理观的冲击下,不断瓦解。而网络主体对个人主义和自由主义价值观的过分追求,则必然走向另一个极端,即道德虚无主义。

第二,虚拟网络世界对社会道德责任的消解。网络社会的虚拟性和隐匿性导致了社会普遍的道德规范对网络主体的约束力量大大减弱。网络大众文化要求网络主体具有更强的自律精神和社会责任感。网络文化娱乐性、低廉的价格以及积极地互动性使得网络文化拥有了无数的参与主体,也具备了其他任何大众文化形态所没有的广泛影响力。在当今时代的网络文化中,由于网络写手或网络主体缺乏一定的社会责任感,使得色情、暴力、隐私和欺诈等行为充斥着各种网络页面,严重影响了良好社会风气的形成和青少年的身心健康。

第三,网络暴力对道德底线的逾越和冲击,造成了网络道德失序。网络暴力是近些年互联网上出现的一种新的社会现象,它虽然体现了大众的社会责任感和正义感,但其"以真假难辨的事实,行道德判断之高标,聚匿名不负责之群众,曝普通人之隐私"[①],已经

---

① 《网络暴力愈演愈烈挑战道德底线》,新华网,2008年9月1日。

开始挑战社会的道德底线。网络暴力自"虐猫事件"后，愈演愈烈。与此相伴随的"铜须门""史上最毒后妈""姜岩事件""很黄很暴力事件"接踵而至，网民对于这些事件的道德审判，在网络上已经形成规模。网民本身的盲从性，则使网络上的道德审判日益演变成对当事人的侮辱和谩骂，从而严重超越了道德的范畴。网民对当事人的人身攻击和恶意中伤，给当事者的身心造成了极大的创伤。尤其是很多歪曲真相所造成冤假错案（如"史上最毒后妈"），网络声讨从正义的道德审判已经转变成了对公民人权的肆意践踏。在网络上，任何人都可能成为"网络通缉令"和"人肉搜索"的对象，被搜索者在网络技术的强大攻势下，无所遁形，身心备受折磨，网民却把这样的群体暴力当作集体的狂欢而不自知。网络暴力对道德底线的逾越和冲击，严重损害了网络的正常道德秩序和网络主体道德素质的养成。

可见，网络大众文化中的道德失范现象既来源于网络技术本身的缺陷，也归咎于网络大众文化的相关法律和道德规范的不完善和网络主体自身的自律精神不强。网络大众文化对传统价值观的解构和网络主体社会责任感的缺失，必然导致网络大众文化呈现出道德失序的状态，而网络大众文化中的道德失范现象——网络道德失序则必然引发现实社会道德秩序的混乱。

（三）网络伦理的形成

网络大众文化中存在的道德失范现象，使人们陷入了网络的伦理困境。针对网络大众文化中存在的不道德行为，一种全新的、用于规范和指导人们在网络空间行为的道德准则和规范体系，即网络伦理应运而生。网络伦理既不是对现实社会道德规范的简单照搬，也不是对已有道德规范的完全抛弃，而是在借鉴已有社会道德规范的基础上，针对网络大众文化建设过程中存在的道德失范现象，提出的一种新型伦理观。

网络大众文化作为一种文化形态，必然蕴含着现时代人们的伦理取向和伦理精神，体现着社会总体的道德水平和个体的道德素质，因而，网络大众文化本身就有着一定的道德价值意蕴。网络大众文化本身所蕴含的道德内涵和伦理精神为网络伦理的产生提供了理论前提。首先，网络大众文化中蕴含着丰富的伦理精神。网络大众文化本身的特性使得自由、民主和平等的伦理精神得到了贯彻和实施，人们对这些伦理精神的追求必然导致价值观体系的多元化趋势。网络大众文化所蕴含的这些伦理精神给大众提供了一个可以自由选择和自由创造的空间，大众的民主意识和自由意识在这个空间里得到了全方位的锤炼和提升。这就使得网络伦理的构建和发挥，必须以尊重和认同网络大众文化的自由民主精神和承认价值多元化的客观存在为前提。

另外，网络大众文化资源的配置结构和比例决定了网络伦理功效的发挥水平。网络大众文化的资源配置结构和比例反映了当前社会的文化发展格局和道德价值取向。如果网络资源中高雅的、符合人性的部分占主导，则有利于网络伦理发挥作用。而如果网络资源中低劣的、不符合人性发展或有损于社会健康发展的因素占主导，则会导致网络伦理对网络主体的价值引导和道德教育功能衰退、甚至失效。网络大众文化作为一种文化形态，不仅是对社会道德价值取向的反映，也对社会道德价值取向的发展有着重要的引导作用，这也是网络伦理的重要功能之一。网络大众文化蕴含着一定的伦理精神和道德价值，能够满足人们的精神需要。这就使网络大众文化能够从积极意义上推动社会道德的前进和进步，从而实现网络道德与社会道德的同步发展。

但是，网络大众文化本身的多变性和不确定性使其始终处于一种不断地变化之中。与此相伴随，网络大众文化蕴含的道德价值和道德观念也必然会处于不断地变化当中。网络大众文化中不断变化的价值观使网络主体无法确认哪一种价值观才是正确的，道德的严肃性和道德关怀终极性在道德标准的不断变化过程中被彻底消解，人们陷入道德相对主义的泥淖而无法自拔。这种道德的相对主义必然导致道德虚无主义的泛滥，最终使网络伦理丧失规范和引导人的行为的社会功能。

网络大众文化中所蕴含的伦理精神和道德价值为网络伦理的产生提供了理论上和实践上的支持，而网络伦理的构建又推动了网络社会和现实社会向道德化和秩序化发展。网络伦理是网络大众文化健康发展的保证。良好的网络伦理有助于人们树立正确的网络是非观、善恶观和网络可持续发展观。它规范和引导着网络主体的行为，告诉人们什么是正确的、什么是应该做的。网络伦理是健全整个社会伦理道德体系的重要内容。科学技术的进步必然带来人们生活方式和思维习惯的改变，与之相伴，社会伦理关系和道德规范也必然发生转变。网络伦理就是在网络技术推动下产生的新的道德规范体系和伦理观，它的出现不仅规范了网络主体的行为，同时也为社会道德教育和传播提供了多样的方式和渠道。

而且，网络大众文化对大众尤其是青少年具有极大的吸引力，这就要求网络伦理体系的构建必然成为提高青少年道德素养和对青少年进行价值观和道德观教育的重要渠道。青少年是中国网民群体的重要组成部分，青少年正处于心理和生理的发育期，其人生观和价值观还没有完全形成，因而极易受到不良网络文化的影响。在不断见诸报端的沉迷于网络游戏、聊天室和色情网站的报道中，青少年占到了很大一部分。甚至有些青少年，由于沉迷网络游戏而又无钱支付网络费用，走向了犯罪的道路。

　　总之，网络大众文化的健康有序发展是构建社会和谐伦理文化的重要组成部分，网络大众文化所蕴含的伦理精神为和谐伦理文化的构建提供了重要的理论借鉴。而网络伦理对网络文化和网络主体的规范和引导，又使人们在和谐伦理文化建设中规避网络文化的弊端，从而保证了社会和谐伦理文化的真正实现。

第四章 大众文化与现代、后现代伦理思潮

　　大众文化作为工业社会的产物，是 20 世纪西方最重要的文化现象之一。后现代主义透过哲学思辨的层面，直接渗透到大众文化当中，使大众文化在现代社会表现出了明显的后现代主义特征。现代、后现代伦理思潮伴随现代、后现代主义融入到大众文化当中，给大众文化带来了巨大影响。

一、现代、后现代与后现代伦理思潮

　　自从后现代一词被广泛引用到文化理论领域，许多文化理论家和后现代主义思想家就开始关注同现代主义文化不同的新兴文化形式——后现代大众文化。与现代主义文化不同，后现代文化沉浸于感官和表象的愉悦之中，艺术家们突破小说、电影及音乐等先前艺术形式的局限，开始混合使用各种媒介手段，并把庸俗作品和大众文化融入到他们的美学创造中。文化作品更加关注人们的日常生活，大众文化发生了戏剧性的变化，大众文化进入了后现代阶段。

(一) 现代主义的兴起

从社会发展的历史进程来看,西方学术界认为"现代"是指从文艺复兴开始,经启蒙运动一直到20世纪50年代的一段历史时期,即西方资本主义从产生、发展到走向现代化的过程。资本主义社会的"现代化"进程就是商品化、城市化和理性化的过程。"'现代性'(modernity)体现的是理性和启蒙的精神,它相信社会历史的进步和发展,人性和道德的不断改良和完善。'现代性'通过新的技术、新的运输方式和交往方式、产品的分配和消费形式、现代艺术和意识形态而散布到日常生活中去。"① 由此可见,现代性一词包含经济、政治、社会以及文化的转型。

现代性产生并盛行于中世纪或封建主义的时代。这一时期,理性被视为知识的源泉,社会进步的动力以及整体存在的基础。理性被认为是获得人性解放的根本力量,人们只有在理性的指导下才能认识自身、战胜自然。比如,现代性指导下的美学反对工业化与理性化的异化向度,提倡在艺术中寻求创造性的自我实现。而现代主义则是资本主义社会的现代性在社会思想理论领域的重要体现。现代主义文化是现代主义渗透于文化领域而产生的一种文化形态,是资本主义发展过程中工业化、都市化、市场经济和技术进步的必然产物。工具理性的高扬导致物质文化空前发展,精神文化被全面压制,市场经济中的商品逻辑推演到社会生活的方方面面,而科学技术的日新月异又将大众对精神产品的消费行为变成可能。现代主义文化的商品逻辑,使得古典文化中人与自然、人与社会及人与自身

---

① 冯俊:《从现代主义向后现代主义的哲学转向》,载《中国人民大学学报》1997年第5期,第36—44页。

的和谐关系被打破,文化作品的审美追求和价值关照被疏离,正如美国学者丹尼尔·贝尔所指出的:"现代主义文化扰乱了文化的一统天下。动乱来自三个方向:对艺术和道德分治的坚持,对创新和实验的推崇,以及把自我(热衷于原创与独特性的自我)奉为鉴定文化的准绳。"①

现代主义文化深受康德先验唯心主义思想的影响,同时又吸收了尼采、弗洛伊德、荣格、萨特等现代哲学家的学说。其中,尼采的"超人哲学",对权威的否定,对个人意志的极度推崇以及"酒神精神",包括其对世界前途的悲观主义,在现代主义的各个流派的理论、作品和实践中都有所体现。而弗洛伊德的潜意识学说,无疑成为超现实主义运动的理论支柱和精神指引。现代主义作为一种社会思潮,通过美术、音乐、文学等文化作品的形式表达出来,并产生了很多流派。比如美术领域出现的抽象主义、达达主义、野兽主义,文学领域出现的表现主义、未来主义、象征主义、意象派和意识流等。通过以上分析可以看出,现代主义在一定意义上可以看作是古典主义向后现代主义转向过程中的过渡阶段。事实上,很多学者认为现代主义与后现代主义之间并没有明确的界限,如美国学者伊哈布·哈桑认为:"现代主义和后现代主义之间并没有一层铁幕或一道中国的万里长城;因为历史是一张可以被多次刮去字迹的羊皮纸,而文化则渗透在过去、现在、未来的时间之中。"② 法国学者利奥塔认为后现代性可以被看作是现代性的重写或改写,因为二者都具有"异质性"的

---

① [美]丹尼尔·贝尔:《资本主义的文化矛盾》,生活·读书·新知三联书店1989年版,第30页。

② 王治河:《后现代主义词典》,中央编译出版社2005年版,第644页。

特征，人所创造出的文化成为了人自身的对立物，人反而成为了精神流浪者。

（二）后现代主义的兴起

后现代主义是与现代性、现代主义、后现代性相对应产生的概念。现代性与后现代性相对应、后现代性与后现代主义相对应。现代性一般用于描述现代时期，后现代性则用于描述现代性之后的时期。后现代性产生于科技高度发达的大众传媒社会，是对现代性的反叛。后现代性阶段是一个崭新的历史阶段，拥有与现代性完全不同的社会文化形式。现代性与后现代性的差别体现在社会理论领域即为现代主义与后现代主义。后现代主义最初是被用来描述那些出现于现代主义之后并与之决裂的各种美学形式和美学实践，体现在建筑、音乐、绘画、小说及电影等文化艺术形式当中。后现代主义理论家杰姆逊认为，后现代主义是资本主义时代的产物，是晚期资本主义的文化逻辑，是针对现代主义而提出的一种新的历史文化分期。

后现代主义在西方的兴起有着深刻社会和文化背景。"二战"以后，和平与发展日益成为世界主题。经济和科技在相对稳定的环境中迅速发展，现代社会成了一个信息高度膨胀的时代，信息大爆炸使人们的生活形式越来越多样化。人们所接触到的一切知识都被数字化、符号化以及商品化。由科技爆炸带来的经济全球化已经成为历史发展的必然趋势。"知识就是力量"这句培根的名言越来越被现代社会的人们所深刻体会。第三次科技革命的成果不断地渗透到人们的日常生活中，世界各国、各地区日益成为一个密不可分的整体。

面对经济全球化的浪潮，人们的政治、经济以及文化生活的各个方面都发生了深刻的变化。人们越来越注重自身的发展和完善，越来越重视生活质量和生活体验。人们反对传统的思维模式、文化模式，反对权威的存在。信仰的缺失，使人们处于一种精神流浪的状态。由于缺乏社会目标和坚定的信念，人们放弃了道德原则和理想价值追求，而是竞相追逐一种游戏式的生活方式，而社会对人们的生活状态也报以更加宽容的态度。在这样的背景下，文化上出现了文化商品化的趋势，商品化的消费逻辑全面渗透到文化领域。文化生产呈现出社会产业化趋势。文化创作从重视文化的审美价值、艺术价值和伦理意义转向以消费为本位，迎合大众的兴趣，听命于市场和消费的需要。高雅文化与通俗文化之间的界限日渐消弭，文化成为地道的消费品。与此同时，后现代主义的文化商品化趋势对传统文化构建起来的真善美的意义及其追求进行了消解，商品拜物教渗进人们的灵魂深处，成为生活的指导。现代性、现代主义所提倡的伦理关怀和人文价值变得不值一文，人类的精神家园轰然倒塌。于是，在市场经济大潮的冲击下，后现代主义在反现代主义的前提下走上了历史的舞台。

现代主义在向后现代主义转向的过程中，产生了一大批有影响的哲学家和伦理学家，他们的思想为后现代大众文化的产生和成熟提供了理论支持。其中，尼采和海德格尔是现代主义理论向后现代主义转向过程中出现的理论先驱，他们对现代主义进行了彻底的批判，从而对后来的后现代理论产生了深刻的影响。

海德格尔被公认为是后现代主义思潮的先驱者，同时也是现代主义哲学思想的杰出代表。海德格尔哲学思想的最主要倾向就是延续了尼采对传统道德形而上学的批判。海德格尔认为尼采宣布"上帝死了"的主要内涵,就是宣布了西方形而上学传统以及一切价值和道德体系的崩溃。海德格尔认为:"形而上学传统正是尼采'对一切价值的重估'的努力中所要翻转的东西,因为形而上学传统所培育起来的理性精神和它自己形成的一套价值观念发生了不可调和的矛盾冲突,道德的'绝对命令'最终只能求助于信仰的飞跃,因此尼采要重估一切价值,连同其源头一起加以翻转。"① 虽然尼采试图通过建立新的道德谱系进而将道德从形而上学的传统中解放出来,事实上,他却走进了形而上学的旋涡而无法自拔。但尼采的诗人气质以及毫无畏惧的创造性为海德格尔哲学思想的建立提供了巨大可能。

　　德里达是解构主义的奠基者,他继承了尼采和海德格尔的思想,成为后现代主义思潮的创始人之一。世人总是将德里达的解构与相对主义、虚无主义以及非道德主义相提并论,事实上,德里达的"解构"思想包含着积极和消极两种意义。德里达的解构思想一方面在拒绝形而上学的暴力,另一方面也在抵制着道德虚无主义的诱惑。"朝积极处说,'解构'就是矫正思维的绝对化,激励西方人追寻'他人'和'他者的语言',来摆脱西方文化现代性的紧迫危机。朝消极处说,'解构'可能被平庸化为'摧毁一切'的思维方式和'怎么都行'的处世态度,如此这般,最后可能就是责任的不在场和价值的废黜。"② 可见,德里达的解构思想中蕴含着丰富的伦理思想。如德里达自己所指出,他所关注的伦理问题都是一些非常具体

---

　　① 杨恒达:《尼采与后现代性》,载《外国文学》2004年第6期,第41—47页。

　　② 胡继华:《后现代语境中伦理文化转向——论列维纳斯、德里达和南希》,京华出版社2005年版,第84页。

和现实的生活问题。因此，德里达的伦理思想中充满着对社会责任、正义、友爱和永恒道德关怀的关注。这使得德里达的伦理思想成为一种伦理文化的建构。它不仅不会导致社会道德虚无主义的弥漫，而且恰好是对尼采虚无主义的清理和重新利用。德里达宣扬的不是西方形而上学的终结，而是呼唤新的哲学写作模式和阅读样式的诞生，并以其为基础建立新的伦理价值观体系。因此，德里达对伦理的解构是破坏中的重建，解构中的重构。

很多西方学者认为，从尼采的"上帝之死"到福柯的"人之死"是一脉相承的。虽然"尼采哲学是一个由一堆零散的、基于直觉和个人偏见的、近乎随意的历史和心理考察组成的奇怪的混合物，根本没有像福柯那样运用彻底的、井井有条的方法去进行探究。尼采对人的同一性也没有福柯那么怀疑。他似乎相信，由于某些本质性的心理生理属性，所以人类才成为现在这个样子，而这正是形成其核心信念和价值的原因"①。尼采始终认为，上帝是西方形而上学和道德体系存在的基础。所以，他通过宣布"上帝死了"，将这一基础推翻了，从而导致人们赖以存在的精神支柱倒塌了。人将何去何从，生活的目的和意义究竟何在，人的价值是否存在都成了问题。这使福柯提出"人之死"，成为理论发展的必然。尼采反对将道德作为一门科学来研究，进而提出了道德谱系学的方法，因而将伦理学的研究引向了相反于道德形而上学传统的方向。福柯继承了尼采的道德谱系学方法，对后现代社会出现的诸如权力、犯罪、惩戒、性和性欲等道德问题进行了研究，在摧毁了人的中心地位的基础上，宣告了"人的死亡"。

---

① [德] 尼采：《人性的，太人性的》，中国人民大学出版社2005年版，第99—100页。

后现代哲学家中另一位重要理论家和伦理学家是利奥塔。利奥塔通过对后现代知识状况的分析和研究,"提倡的是一种宽容的、实用的、多元主义、极端自由主义、无政府主义的社会,这个社会也赞美差异,避免单一的主张,而且这个社会也应该是一个小叙述的、'本土的'、'平行的'而非有上下等级的社会"①。他认为,在科技高度发达的西方社会里,后现代世界已经变成了一个精神空虚和文化肤浅的社会,人们只是高科技产品的消费者,个人没有任何的历史感,传统价值观和伦理观被后现代解构了。同时,利奥塔通过对形而上学传统中"宏大叙事"的质疑,指出了教师和教育机构的弊端。利奥塔认为当今的许多教育机构以及教师,都是在运用通过阐述事实从而使学生相信的方式进行教育。这种教育方式必然导致教师在知识的拥有权上具有了无上的权威,压抑了学生的自主性、能动性和创造性。在这种教育体系下,学生成为教师的复制品。利奥塔的论述,让我们在后现代的语境下,重新审视了教育机构以及教师的角色。

除以上几位思想家外,后现代主义思潮中还有很多代表人物,诸如哈贝马斯、鲍曼、詹姆逊等。通过这些理论家的观点我们可以看出,后现代主义的重要特征就是对现代性进行质疑,进而反对中心主义和强权主义,崇尚人性的回归和多元价值体系的建构,这都显示了后现代主义思潮既有传统价值观体系的解构,也努力在重新建构一种新的价值体系。

---

① [英] 戴维·罗宾逊:《尼采与后现代主义》,程炼译,北京大学出版社2005年版,第92页。

（三）后现代主义的主要特征

以上所述的后现代思想家及后现代主义的基本观点仅仅是庞大的后现代主义观中比较具有代表性的观点。后现代社会是一个复杂的、多元的、充满着无数不确定性的社会，它还有待于更多的思想家和伦理学家去研究。但透过纷繁复杂的思想表象，我们也可以看出，后现代主义的主要发展趋势和方向就是否定和摧毁形而上学传统，在否定的基础上进行重构，其主要特征可以归结为以下几个方面：

首先，后现代主义最突出的特征就是反对强权主义。反对强权主义，从某种意义上说，是后现代主义从现代性中继承的一项重要的品性，虽然它们的具体表现形式不尽相同，但其精神实质却是一致的。现代性摧毁了基督教神学的强权，尼采宣布了上帝的死亡，宣告了形而上学传统的死亡，同时也宣告了绝对理性的死亡。后现代理论家认为人们应该从绝对强权和绝对理性中解放出来，走向非理性主义。与此同时，后现代主义者还认为，人的认识能力的确定性和稳定性是不存在的，任何确定的理性表达方式都是不存在的。一切事物都是相对的、变动不拘的，世界最终会走向虚无。后现代主义者对强权的反对，还表现为反对客观普遍性和反中心。这种趋势必然导致社会普遍价值体系的碎片化和道德虚无主义的弥漫。

其次，在后现代主义中，人们对价值观上持有不确定和多元主义的态度。后现代主义者认为，无论从社会还是自然层面上看，在前现代和现代社会中占主导地位的传统形而上学和绝对理性，已经不能对诸如差异性、多样性、复杂性和模糊性等现象做出合理的说明，过去所有的确定性已经被后现代摧毁了。人们生活在一个不确定的世界里，任何社会现象和道德观念都是变化的。由不断变化的复杂现象构成的世界必然是多元的。多元主义始终是后现代主义中的重要问题，从而得到了很多思想家和伦理学家的重视。

再次，解构和重构是后现代主义最显著的特征。几乎所有的哲学家和伦理学家都对前现代、现代所崇尚的"中心""真理""绝对理念""绝对价值"等形而上学观念进行了解构。同时，他们也试图在后现代虚无主义弥漫的大地上，重新建构起人类精神的框架。诸如：差异、表层、多变等概念成了后现代哲学家关注的主题。解构和重新建构的思维方式不但贯彻于后现代的哲学、伦理学的研究中，还深入到后现代精神分析学当中，弗洛伊德的理论就运用了这一点。后现代主义中的解构与重构，"共同点就是它们的彻底的否定性，即把前现代、现代主义的有限性、中心性、预设性和绝对性彻底否定掉，从而突出相对性、多元性和开放性"[①]。

最后，学者们在解构形而上学传统的过程中，价值观和道德观的重构也是后现代主义最主要的方面。比如，尼采在摧毁基督教道德过程中，最主要的就是摧毁了基督教的神学道德体系。在后现代社会里，人们日益感到道德虚无主义正在不断蔓延。传统价值观和道德观体系的崩溃使人们只能在黑暗中摸索。这就使得很多有责任感的后现代的哲学家和伦理学家将社会价值观和道德观的重构作为研究的主题。

---

① 佟立：《西方后现代主义哲学思潮研究》，天津人民出版社2003年版，第357页。

（四）后现代伦理思潮的主要内容

第二次世界大战以后，世界环境相对稳定，整个世界在全球一体化的浪潮中逐渐演变成一个村落。新兴国家的独立发展以及民族意识的觉醒，使世界文化呈现出多元化的发展趋势。随着经济的发展，这些国家的综合国力不断增强，国际地位不断提高，人类在认识和观察问题时已经突破了地域和民族的局限，开始从全球性的视野进行思考和解决。学者认为："人们正在达成这样一种共识：多元文化虽然已经或正在世界上发生着各种'文明的冲突'，但全球文化或曰人类共同精神事实上也存在着并也越来越受到人们注意。"[①] 在这种世界文化冲突和融合的过程中，各种伦理学研究方法和伦理思潮应运而生，后现代的伦理学研究出现了"百家争鸣"的繁荣景象。其中，价值中立主义伦理思潮、存在主义伦理思潮、境遇主义伦理思潮、不断发展的自由主义伦理思潮和个人主义伦理思潮构成了后现代伦理思潮的主要形态。

第一，价值中立伦理思潮。价值中立主义思潮产生于19世纪，发展和完善于20世纪中后期。西方工业和自然科学的突飞猛进，使科技化、自动化逐渐成为整个时代的要求。然而，自然科学的迅速发展却使很多学者对科技的社会价值产生了困惑，尤其是德国，伴随着科学的发展和人的自我意识的加强，越来越多的社会学家认为社会科学的研究应该多做出一些事实判断，少作些价值判断。而且，价值中立伦理思潮伴随时代的发展不断深入到人们的日常生活当中，它逐渐成为一种人们认识世界和认识自身的科学方式。

---

① 葛晨虹：《民族精神在全球化时代的定位和走向》，载《理论与现代化》2006年第2期，第51—53页。

另外，价值中立伦理思潮在道德教育领域内表现为价值澄清学派的观点。这一学派认为，"每个人都有自己的价值观""价值观是自己的事情"。学校的主要职责从原有的道德灌输转变为通过启发学生对事物进行认识，进而自己做出价值选择和价值判断。价值中立伦理思潮在道德教育领域的运用，在一定意义上调动了道德主体的积极性，但也导致了社会统一价值标准和共同道德原则的丧失，进而造成了社会伦理秩序的混乱。

第二，存在主义伦理思潮。存在主义是在19世纪后半期开始出现的一种关于人的哲学理论，其作为一种伦理学思潮存在则是在20世纪四五十年代。两次世界大战毁灭性的打击以及经济危机的不断爆发，给当时的欧洲人民带来了巨大的灾难。恐惧、焦虑、压抑、绝望的情绪笼罩着整个欧洲社会，人们开始逐渐关注人自身的生存状况、生命的价值与意义以及人性自由等问题。存在主义伦理思潮就是在这种社会状况下产生的。存在主义伦理思潮的宗旨是试图在当今的社会条件下和存在这个概念下，使人们发现与它事物不同的，作为人的特有自由。其核心问题是有关人的生存、人的情绪、人的自由以及人的异化等问题。存在主义伦理思潮继承了尼采的非理性主义的观点，将伦理学的研究回归到了人本身，只是它比尼采走得更远。尼采的道德观和价值重构从人生观、价值观和世界观等方面为存在主义伦理思潮奠定了基础，因此，尼采被萨特认为是存在主义伦理思潮的先驱。

第三，境遇主义伦理思潮。境遇主义伦理学作为一种伦理思潮，是20世纪60—70年代美国基督教新道德运动的产物。基督教在西方国家有着悠久的历史，为了适应时代的变化，基督教从一开始产生就在不断地改革和完善。到了19世纪末，随着自然科学和社会科学的发展，基督教本身的弊端日益暴露出来。尤其是德国著名思想家尼采发出"上帝死了"的时代号角以后，基督教的神学道德体系彻底坍塌了。因此，自19世纪末开始，基督教进行了一系列的积极的宗教改革，开始了世俗化和现代化的进程。在这一进程中，越来越多的宗教神学家认为基督教应该改变传统的盲目遵守基督教神学教条的状况，充分发挥道德主体的积极性和创造性。境遇主义伦理思潮就是基督教宗教改革的产物。

但是，由于境遇主义伦理思潮强调道德选择应该面向现实生活和道德实践，对待道德规范应该灵活，从而具有了一定的反宗教和思想解放的性质，导致其最后被基督教教会当作异端禁止了。境遇主义伦理思潮冲击了传统的基督教伦理学，使人们开始重新考虑绝对的道德原则是否存在的问题。境遇主义伦理学认为人们在进行道德生活的过程中，在不同的具体的境遇内会产生不同的道德规范。尤其是在不同的历史条件下，道德规范不尽相同，因而不存在一种永恒不变的道德准则。而且，境遇主义伦理思潮充分意识到了个人的主观能动性和创造性，即使在"上帝之爱"中，其落脚点也是对人格的关心。但是，境遇主义伦理思潮伦理学也有着很大的不彻底性，尤其是在信仰问题上仍然保存着对上帝之爱。境遇主义伦理思潮提倡的道德相对主义，容易使人陷入道德绝对主义和道德虚无主义的困境。

第四，个人主义和自由主义伦理思潮。西方社会从近代以来始终有着优良的个人主义和自由主义传统，而其作为一种伦理思潮出现则是在20世纪后半期的后现代社会。个人主义和自由主义是人类思想解放的优秀成果，是新兴资产阶级进行反封建斗争的有力武器。与此同时，个人主义和自由主义也为建立资产阶级政权提供了理论上的合理依据。作为一种伦理思潮，个人主义和自由主义强调个人的尊严和发展、崇尚人的个性自由以及人与人之间的平等关系。但是，个人主义不同于利己主义，也不等同于自私自利、道德冷漠和无政府主义；自由主义则不等同于绝对的、无任何约束的自由。因此，个人主义和自由主义伦理思潮推动了整个西方的民主化进程，是历史进步的表现。但它们在发展过程中出现的绝对个人主义和绝对自由主义趋势则会使人们在价值观和道德观方面走向虚无。

总之，后现代伦理思潮产生于后现代社会，是后现代主义思想在伦理学领域的具体体现。后现代伦理思潮既继承了现代主义伦理思想中的优秀成果，又体现了后现代社会伦理思想的新特点。因此，后现代伦理思潮是后现代社会的特殊产物，具有鲜明的后现代主义特色。

二、后现代大众文化与后现代伦理观

大众文化是晚期资本主义文化逻辑的表现形式，是后现代社会存在的主要文化形态之一。大众文化与后现代主义之间有着密切的联系。后现代伦理思潮作为后现代主义思想中的重要组成部分，必将对大众文化产生重要的影响。

（一）后现代大众文化概述

伴随着后现代社会的到来和后现代主义理论的发展，后现代文化成了一种世界性文化现象，它"不仅表现在各种哲学、社会科学著作中，而且也表现在各种大众传播活动和日常生活方式中，形成了一种与其他文化不同的对世界和对人生的体验方式、认知方式，代表了不同的价值观念和审美观念"①。后现代文化作为工业文明的产物,包含着后现代大众文化和后现代主义文化两部分。其中,后现代大众文化是指好莱坞式的商业电影、肥皂剧、电视脱口秀、通俗小说、时尚杂志以及各种社会新闻、娱乐报刊、明星传记、生活导刊,甚至包括各种亚文化形式,如卡拉ok、时装表演、网络游戏、休闲度假等。而后现代主义文化则既包括由后结构主义、新阐释学、女权主义、意识形态批评、消费社会等构成的后现代解构主义理论,也包括各种自省的或"元叙事"的艺术品和准艺术品。因此,后现代大众文化是一种大众性的、世俗的、肤浅的文化,后现代主义文化则是一种精英知识分子掌握的哲学性文化;后现代大众文化是一种消费文化,后现代主义文化则是一种解构与建构并存的文化;后现代大众文化作为后现代商品社会的表现形态,而后现代主义文化则是对后现代文化在哲学领域进行价值反思所形成的体系。

后现代大众文化是当代社会高度商品化和媒介化的产物,是后现代社会最主要的文化形态之一。在后现代社会中,资本和资本逻辑渗透于社会生活的各个层面。于是,文化的商品化是后现代大众文化的核心内容,而娱乐性和商业性成为后现代大众文化的典型特征。因此,后现代大众文化与后现代主义文化之间有着密切的联系。后现代主义大众文化是大众文化发展到后现代阶段的理论总结,而大众文化为后现代主义文化提供了丰富的现实材料的同时也成为后现代文化理论的现实表现形态。后现代大众文化的主要特征可以概括为以下几个方面:

---

① 蔡尚伟:《影视传播与大众文化——文化工业时代的影视方法论》,四川大学出版社2005年版,第34页。

第一，后现代大众文化否定社会客观价值的存在。在后现代大众文化中，所有社会都是享用大众文化的主体，都可以根据自身的需要对大众文化作品进行重新解读。尤其是网络的出现，更是使大众拥有了前所未有的自由表达空间和途径。在后现代大众文化中，任何人都可以成为文化创作的主体和欣赏者，任何人都可以成为规则的设定者，这必然导致大众对传统社会客观价值的存在产生怀疑甚至否定。比如流行文学中的"意识流"写作方法，就是对社会客观价值否定的最好例证。

第二，后现代大众文化否定社会永恒价值的存在。后现代大众文化对永恒价值的否定使其成为一种注重当下享乐的快餐文化。后现代大众文化是文化产业化的产物，机器大工业的复制技术和市场运行机制，使得大众文化产品同其他商品一样，必须通过不断地制造流行时尚才能获得尽可能多的商业利润。它一方面导致了后现代大众文化产品中所蕴含的道德内涵和伦理价值丧失殆尽，另一方面也使社会大众在文化产品的迅速换代中越来越关注当下的感官享乐。后现代大众文化对大众瞬时感官享乐的迎合，就意味着对真、善、美等社会永恒价值的否定。

第三，后现代大众文化的"去中心"化和碎片化。后现代大众文化的去中心化，必然使其呈现出反权威、无主题、零散化和碎片化的趋势。传统文化和精英文化的写作模式和表现手法在后现代大众文化中已经变得支离破碎。文化产品不再通过完整的主题和故事的中心思想给人以启迪和道德教化，而是采用肢解或拼凑的方式，将许多毫不相干的事件、人物或其他东西糅杂在一起。比如现代流行的充满了蒙太奇意味的电影作品就具有鲜明的"去中心"化特征。而大众对后现代大众文化作品的欣赏则更像是在超市随意购物。

第四，后现代大众文化具有鲜明的反传统特征。这意味着文化的历史感在后现代大众文化中逐渐消逝了。在后现代大众文化中，历史和艺术品不断被大众遗忘在博物馆的角落里，人们关注的只是大众文化产品对自身瞬时的精神满足。人们生存在一个历史断裂的时代，生活在永恒的当下和永恒的变化中。在西方马克思主义理论家詹明信看来，后现代时间只有现在，只有永恒的当下，除此以外，什么也没有。

后现代大众文化主张采用各种实验性的手段。比如很多后现代文化者都将超传统、超现代、超艺术、超形式的文学样式用于文化创造中，用于适应后工业社会的大众心态。"黑色幽默派"就是其中最典型的例证。它"以一种夸张到极点的方式，以超现实的手法处理战争、死亡、瘟疫、末日等灾难性事件，将欢乐与痛苦、可笑与恐怖、柔情与残酷、荒唐古怪与一本正经强行融合在一起，用支离破碎的故事结构和情节、时空颠倒、自由联想的反小说形式，着力描绘社会的荒诞与疯狂，以一种无可奈何或自我嘲讽的态度表现世界与自我之间的不协调，并将其放大到扭曲变形的地步，使其显得更加荒谬滑稽，同时又令人沉重与悲哀，表现出一种绞刑架下的幽默"[①]。

第五，后现代大众文化表现出明显的非理性特征。后现代大众文化为迎合大众的口味，不断消解文化作品的深度。为满足大众对感官享乐的追求，后现代大众文化逐渐放弃道德理性的指导。这就使得大众逐渐成为欲望的奴隶，从而放弃对个体主体性的追求。在后现代大众文化非理性特征的影响下，大众不再需要通过描述某种

[①] 崔欣、孙瑞祥：《大众文化与传播研究》，天津人民出版社2005年版，第142—143页。

现实境遇进而唤起自身的感悟，也不再需要构建任何乌托邦式的理想来激发自身的生活热情。因此，文化完全大众化、商品化了，而个体也在一定意义上物化了。

第六，后现代大众文化具有商业性的特征。后现代大众文化是消费社会的产物，这就使得后现代大众文化的消费性和商业性特征愈加突出。在消费社会里，几乎任何事物都可以作为商品进行买卖。后现代大众文化更是将消费性和商业性特征贯彻到文化产品创作、生产、传播和销售的各个环节。比如，随处可见的商业广告就是后现代大众文化商业性特征的恰当表现。

第七，后现代大众文化表现出视觉化、图像化和信息化的发展趋势。后现代大众文化是以电影、电视、网络以及数码影像作为主要载体的文化形式，这就使其成为一种视觉文化、图像文化。后现代大众文化不再以表达某种意义为目的，而仅仅是自身的说明。大众影视文化是后现代大众文化视觉化、图像化特征的最主要表达形式。大众影视作品表现的是一种时间艺术，讲述的是事件本身的过程，因而留给大众的想象空间必然非常狭小。后现代大众文化给人们带来娱乐放松的同时，也将传统艺术给人带来的想象空间排挤掉了。后现代大众文化是信息社会的产物，必然表现出快速和便捷的信息化特征。

总之，后现代大众文化是一把双刃剑，它在消解权威、政治，肯定人的主体性和自由精神的同时，也会导致个人自由的无限膨胀；它对崇高、英雄理想的贬低，高扬世俗要求的同时，必然会导致社会道德观的颠倒和道德规范体系的瓦解，进而导致社会伦理体系处于无序的状态。

(二) 后现代伦理观及其主要特征

后现代的伦理观就如同后现代社会一样,是一个非常复杂的体系。鲍曼在其《后现代伦理学》一书中指出:"后现代思想并不期望去发现没有不确定性、风险、危险和谬误的生活中包容一切的、整体的和最终的公式,后现代思想对于许诺的任何声音都表示深深的怀疑。后现代思想很清楚每一个地方性的、特殊的和集中的治疗,当以其清晰的目标衡量时,不管有效还是无效,它所破坏的,如果不是多余的话也是与它所修复的一样多。后现代思想可以归结为这种观点,即人类困境的混乱将会存在下去。"①鲍曼的论点鲜明地指出了后现代道德所面临的困境和所要解决的核心问题。因此,在一个由高科技、现代化建立起来的新世界里,后现代道德趋向于提高人们的适应性,寻找出一条不同于传统形而上学及现代性所提倡的全新途径,创建出一个和谐社会,使世界成为有机的、整体的、自由的和非决定论的;同时,后现代伦理观在很大程度上避免了现代性本身的很多弊端,提出了很多适用于当今社会发展的理论。如人口爆炸、能源危机、环境污染、生态失衡、战争升级等毁灭性灾难问题已经成为后现代伦理学研究的重要问题。后现代伦理观作为后现代主义思想的重要组成部分,必然带有很强的后现代主义特征。

第一,后现代伦理观主张对社会普遍道德价值进行解构。后现代伦理观认为,社会普遍道德价值通过道德形而上学对社会大众进行约束和束缚,严重阻碍了人的自由发展。传统的道德形而上学依

---

① [英] 齐格蒙特·鲍曼:《后现代伦理学》,张成岗译,江苏人民出版社2003年版,第288页。

靠宏大的道德叙事迫使人们遵循道德传统和道德规范，是一种外在的强制力量。这种手段使很多精英道德理念不经实践的范畴而成为社会普遍的道德规范，进而确立起精英道德规范在道德生活中的权威。对道德本体的推崇促使道德规范在一定程度上远离了真实世界而成为高高在上的权威。人们进行道德选择的自由空间也日益狭小，以致人们最终失去了自由呼吸的场所。因此，后现代伦理观主张挣脱道德形而上学的束缚，让人们在一个没有伦理的社会环境中实行道德抉择，从而使人们回到道德生活的真实环境中去。大众文化为迎合大众、追求自我欲望满足和消解普遍价值观的心态，就以一种轻松、快乐、狂欢的原则获取社会各阶层的关注。

第二，后现代伦理观反对社会普遍道德价值的永恒性。后现代伦理观认为，真、善、美等社会普遍价值不具有永恒性，人们的道德生活只存在于当下。社会普遍的道德价值是对人的个体欲望和情感的禁锢和束缚。后现代伦理观对社会普遍价值永恒性的否定必然导致道德非理性主义的泛滥，使得享乐主义和物质主义人生观成为道德生活的指导原则。这种人生观指导下的大众文化必然是一种即时的和强调感官享受的快餐文化。因此，大众文化坚持享乐主义和快乐主义的道德原则。正如马克斯·韦伯在《新教伦理与资本主义精神》一书中所提到：作为资本主义宗教冲动力的禁欲苦行因素及其对资本主义行为的道德监护权，在后现代社会已经彻底消失了，社会大众完全沉迷于大众文化带给人的虚假享乐中而无法自拔。

第三，后现代伦理观在价值取向上主张提倡价值多元主义。后现代伦理观认为，在后现代社会，人们的道德生活进入了一个多元文化之间的冲突日益加剧的新阶段。各个国家、各个民族以及现代的、当代的文化思潮之间的冲突也逐渐加剧。人们越来越注重个体之间的差异性，强调个体的主体性，这种观点突出表现在文化领域和道德领域就是各种文化间的冲突。因此，后现代伦理观主张用相对主义代替绝对主义，用非理性主义代替理性主义，从以往的价值一元独断论演变成了价值多元论。而在文化策略上，价值多元主义的伦理观使大众文化呈现丰富多彩的表达样式的同时，也使其在道德观上逐渐走向了道德虚无主义。

第四，后现代伦理观主张人的主体自由，从而否定人的责任和义务。在后现代伦理学家看来，后现代社会是一个复杂、多元的社会，"不论是伦理观念还是道德准则，除了个性化和多样化外，不存在别的理性的或科学的本性。文化观念的多样化与自由探索的科学并不冲突；与之冲突的只是狭隘的'理性'概念；它经常利用凝固、歪曲的科学形象兜售老朽的信念，消除异己的样式。而现实却到处都充溢着人类不断变化的观念、意识和希望。人类掌握的认识和实践手段不可尽数，获得的知识和真理形式无穷多样"[①]。后现代伦理观认为人类生活的真正本质是自由、多样的，是主体自身的，与他人无关，人不应该承担对他人和社会的任何责任。这在人生观上表现为对人生价值和意义的否定，以及对绝对个人主义和自由主义的追求。后现代伦理观对责任和义务的否定反映在大众文化中，就体现为文化作品内容的碎片化。因此，大众文化对正统进行嘲弄，对历史进行戏说，对人生进行游戏。传统道德原则和伦理精神在大众文化的嬉笑怒骂中逐渐消解。大众文化注重人的感官享受和自然欲望的满足，从而忽视了文化对人的伦理价值导向功能和引领社会风

---

① 张之沧：《后现代的伦理观》，载《江苏社会科学》2000 年第 6 期，第 67—71 页。

尚的道德责任。

第五，后现代伦理观对人性的深度进行了解构，坚持道德观上的非理性主义。后现代伦理观认为，理性主义使人性背上了沉重的道义上的枷锁，从而束缚了人性的自由张扬。人性深度的不断消逝必然导致人对物质欲望的追求，人性也就浅薄成了动物性。后现代伦理观提倡的非理性主义、相对主义，恰好与大众文化的远离神圣、解构深度的商业性要求相契合。大众文化通过对观众无意识的感官欲望的调用，通过令人眼花缭乱的视频图像，为大众提供一个娱乐消遣的空间。

大众文化是后现代思想的展开，是后现代伦理思想在文化领域的最主要表现形式。后现代伦理观作为人类理智在后现代社会对人类自身行为规范认识的表达，作为后现代思想的重要组成部分，必将对大众文化产生重要的影响。在后现代伦理观的影响下，大众文化成了一种反审美、反神圣、反普遍价值和道德规范的文化形态。在大众文化中，只有现象没有本质，只有现在没有历史和未来，过去文化中的神圣、深度焦虑和永恒价值等道德情感消逝殆尽。

可见，大众文化是后现代伦理思想在文化领域的展开和具体体现，它通过快速、便捷的大众传媒手段将后现代伦理观传播到世界的每个角落，影响和改变着人们的生活方式、价值体系和道德观念。后现代伦理观渗透于大众文化的各个层面，对大众文化产生了重要的影响。尤其是后现代伦理思想中的价值多元主义伦理观、个人主义伦理观、自由主义伦理观、快适伦理、消费主义伦理观以及境遇主义伦理观对大众文化的影响最为显著和直接。

三、现代、后现代伦理思潮对大众文化的影响

现代、后现代伦理思潮是伴随世界经济迅速发展、科学技术水平快速提高以及大众传媒的产生而逐渐扩展到世界范围,正像《共产党宣言》中所指出的那样,资产阶级"正像他使农村从属于城市一样,它使未开化和半开化的国家从属于文明的国家,使农民的民族从属于资产阶级的民族,使东方从属于西方"①。价值多元主义伦理观、个人主义伦理观、自由主义伦理观、享乐主义伦理观、消费主义伦理观和境遇主义伦理观共同构成了现代、后现代伦理思潮的主要内容,渗透于大众文化的方方面面,并对其产生了重要影响。

(一)价值多元主义伦理观对大众文化的影响

随着后现代伦理思潮和后现代伦理观在全球的广泛传播,价值多元主义伦理观在经济全球化的多元文化互动中获得了越来越多的文化认同。价值多元主义伦理观强调异质性、个体性,强调价值选择的多元性,否定价值标准的绝对性。

价值多元主义伦理观包含"策略性的多元主义、相对主义的多元主义、无确定性的多元主义以及对话性的多元主义"②四种理论维度。其中,策略性的多元主义提倡在坚持一元传统的前提下,尊重其他文化和价值观的存在,目的是企图通过这种方式说服其他文化传统归属于自己,提倡"文明共存"而非"文明冲突"。相对主

---

① 《马克思恩格斯选集》第1卷,人民出版社1994年版,第277页。
② 陈奇佳:《多元主义立场旨趣辨微——在尼采与当代多元主义思潮之间》,载《文化研究》2005年第1期,第27—32页。

义的多元主义和无确定性的多元主义本质上是相同的。只是前者更具有道德情感的意味，更强调个体的自主性和个体的绝对价值。无确定性的多元主义认为，人们是不受任何本质主义预设制约的，不存在任何确定的一元价值。同时，组成复杂事物的各元素之间也是相互独立的。无确定性多元主义影响下的人类生活是不确定和支离破碎的。对话性的多元主义被普遍认为是一种真正的多元主义的态度，它认为各种不同的价值原则和价值理念之间是可以相互对话、相互交流的，新的价值理念产生于不同文化间的碰撞和沟通。

价值多元主义伦理观认为："就一定社会或文化体系而言，存在一种以上的内在善或价值，或者说有多种事物是善的或有价值的，并主张把这些价值作为基本的价值标准。在这种观点看来，这些不同的基本价值和价值标准是不能相互归结或通约的，尽管它们之间可能存在着层次上的差别。持多元论的理论家各自列举的价值项目彼此不同，但至少包含以下项目中的两项或多项：快乐、知识、审美经验、真、善、美、和谐、爱、友谊、正义、自由、自我表现等等。"[1] 将价值多元主义的这一观点推而广之，就是人类社会存在着完全不同的价值体系，这些不同的价值体系产生于不同的社会文化背景，体现着不同的文化体系特点。人类社会不存在任何普遍适用的、不受文化制约和影响的价值标准，也不存在不受价值标准影响的文化形态。因此，文化是多元的，价值是多元的，价值体系也是多元的。

多元价值主义伦理观在20世纪普遍流行，是后现代伦理思潮重要的组成部分。多元价值主义伦理观与价值主观主义、价值相对主

---

[1] 王治河：《后现代主义词典》，中央编译出版社2005年版，第330页。

义密切相关。20世纪以前的现代社会，西方理论家追求的是价值的客观性、绝对性和单一性。即使是多种价值观的提出，其前提也是肯定某种终极价值的客观存在。而快速变化的后现代生活"使所有的道德化为乌有"，"林林总总的道德通常是彼此形成鲜明对比的，并且毫无顾忌。它们把准则的哼哼声和喜悦的怨言堆积在一起：生活也是如此"。① 因此，人们越来越意识到价值和人的主观需求之间的相关性，越来越重视人的主观感受。传统的价值客观主义、绝对主义逐渐走向了价值相对主义、主观主义。

在价值多元主义伦理观流行的社会背景下，虽然个人的主观意识得到了增强，但与之相伴随的却是道德标准的多元化和终极价值的丧失，以及由此引发的个体无意义感。伴随着科学、道德、法律等社会文化的兴起和艺术不断走向自律，受基督教支配的传统价值体系已经瓦解，人们的无根感在后现代社会日益凸显。同时，这种深度的无意义感已成为现代人所固有的根本性心理障碍。美国哲学家福尔柯在《后现代精神》一书中曾经叩问，在当今情况下，人们如何做才能够既实现社会生活的道德化，又能使社会价值体系不会走向独断和虚无。福尔柯同许多后现代伦理学家一样，都认为可以通过社会责任感和个人自由感的重新糅合，即规范性和个体主体性的同构来实现后现代社会的再道德化。另外，后现代伦理学家也希望通过这一方式为后现代社会建立起新的德性依托，从而使生活在后现代社会的虚无主义灵魂不再迷茫。

可见，后现代社会是价值多元主义伦理观占主导的时代，终极价值和普遍道德已经被价值相对主义、价值主观主义所代替。而后

---

① [法] 利奥塔：《后现代道德·导言》，莫伟民等译，学林出版社2000年版，第1页。

现代大众文化所表现出的平面感、深度模式的消解、历史的断裂与当下感受的注重，以及去中心化、神圣化、零散化、碎片化等，正是对后现代价值多元主义伦理观的突出体现。在大众文化的价值多元取向中，没有绝对的理论，没有固定的中心、权威和深度，现代性所主张的统一尺度、绝对价值以及终极价值也不复存在，任何行为都有可行的道德准则。而对道德行为进行判断则要全部依据你在什么地点和时间，全凭感觉到什么和得到什么培养以及会受到哪种赞赏。总而言之，一切都得看实际情况。

此外，科学技术的迅速发展在提高人们物质生活水平的同时，也提升了大众的教育水平和对生活的感受能力。经济全球化与大众传媒的迅速发展使多元文化间的交流日益普遍，生活文化也日益多元化。尤其是伴随日常生活审美化趋势的加剧，大众文化的多元价值已经渗透到人们的日常生活当中，成为日常生活方式多元化的道德基础。因此，在经济全球化、价值多元化，且充满着功利性和不确定性的后现代社会里，大众文化必然呈现多元化的状态。而大众文化呈现的多元化态势，又反过来对价值多元主义的传播和发展产生了重要的影响。一方面，大众传媒在文化工业的促动下，将不同的价值观念迅速传递给大众，推动了价值多元主义伦理观在后现代社会广泛传播。另一方面，大众文化在价值取向上的去经典、去神圣和去绝对化趋势，使得大众的主体意识不断觉醒，因而为多元价值主义的发展提供了广大的受众群体。大众文化与价值多元主义伦理观的相互作用，使得人们更加关注自身欲望的满足和自身价值的实现，传统价值的神圣性和绝对性在大众的多元价值取向中不断消解。但是，大众文化对价值多元主义伦理观的过度关注必将导致大众文化在后现代时代走向了价值沦丧、道德虚无和信仰缺失的伦理困境。

在全球化背景下,当代中国大众文化也呈现出了价值多元主义的文化取向。传统道德和社会主义道德受到价值多元主义伦理观的严重冲击,原有的高度一致的道德体系也已经伴随市场经济大潮逐渐瓦解。价值多元主义伦理观成为当代中国大众文化的主要道德价值取向。

(二) 个人主义伦理观对大众文化的影响

个人主义伦理观是西方近代以来演进出的一种现代观念和方法,是人类思想解放的优秀成果和新的伦理价值精神。个人主义伦理观发源于欧洲文艺复兴时期的人文主义。在人文复兴运动中,人文主义者认为,人是现世生活的创造者和享受者,人是世界的中心。文艺复兴运动将人从神学权威中解放出来,确立起人的自立和自觉。在这一基础上,新兴的资产阶级不断冲破人身上的封建神学枷锁,确立起个人的自由、自立和自觉。因此,个人主义伦理观诞生的历史使命主要是:"为摆脱人身依附与等级关系、具有独立人格的个体提供价值合理性辩护,进而为新兴的资本主义经济关系与政治关系提供价值合理性根据。"①

个人主义是一个含义极为复杂的概念。个人主义思想最早产生于法国,其最早指涉的核心内容为:个人理性、个人权利、个人权益以及自我良心的觉醒。伴随资本主义经济的发展和社会革命运动的兴起,个人主义逐渐传遍欧洲大陆其他国家,并发挥了积极的社会意义。尤其是个人主义从欧洲引入美国的过程,使个人主义经历

---

① 高兆明:《伦理学理论与方法》,人民出版社2005年版,第337页。

了从野蛮到文明的蜕变。在美国，个人主义被看作是美国精神的一部分。美国思想家认为："文明的进程是人从一种原始的个人主义状态向一种更高的、更合乎道德的和文雅的个人主义状态的进步。文明的最终状态是……承认和接受个人主义在这个国家的永久存在……这一国家的特殊责任就是实现这么一种文明，在这种文明中，个别人的权利、自由、心理和精神的发展，构成所有社会限制和法则的最高目的。"① 因此，个人主义在美国得到了空前的发展，且被表述为"自由的经济"和"无拘无束的机会"。

个人主义思想有着丰富的内容和深厚的社会来源，不同的学科从不同的角度对个人主义有着多样的解释。从伦理学的角度，个人主义伦理观的基本内容可以概括为以下几个方面：

一是个人是社会价值的来源和创造者。社会由具备自由意志和平等权利的个人组成，社会不能凌驾于个人之上。社会是否适应历史的发展，是否能够保持长久的活力，首先取决于它是否满足了个人的需要，是否发挥了个人的积极性和创造性。个人主义伦理观对于人本身价值以及人的创造能力的肯定直接来源于尼采的超人哲学和权力意志，突出的是人作为独立的存在主体所具有的创造性。

二是个人具有平等的自由权利。在社会中，个人作为独立的个体，具有独立的人格和尊严。人们在社会生活中，其行为选择、思想以及信仰的自由权利应当受到保护和尊重。

三是个人具有理性能力和利己之心。任何人都有利己之心，但是理性能力的存在使得人在进行社会活动的过程中，能够控制自身的欲望，权衡利弊，做出正确的选择。

---

① ［英］史蒂文·卢克斯：《个人主义：分析与批判》，朱红文译，中国广播电视出版社 1993 年版，第 29 页。

四是个人的价值是自己创造的,个人才是价值创造的最终目的。在资本主义发展的很长一段时间内,个人只是创造利润的工具。而个人主义伦理观认为,个体本身就具有独立的存在价值,个体创造社会价值的目的是证明自身的存在和实现自身的意义。个体的价值和自由都是通过个体努力实现的,个人应该为自己的行为负责。

因此,个人主义伦理观的主要内容可以概述为:"以理性和利己心规定个人人性,以此为基础,进一步从个人出发解释一切社会现象,并将个人作为一切道德价值的最终依据之所在。从方法论上来说,是从个人、个体的角度展开对问题的认识,从个人、个体的角度认识社会及其历史,并以个人、个体作为价值合理性根据。即,个人、个体是个人主义用以观察与思考问题的最基本视角与原始出发点,有对一切复杂社会历史现象化解简约为个人行为、取一种原子式思想方法的倾向。"① 个人主义伦理观作为一种理论和思想方法,为人类文明的进步作出了巨大贡献。首先,个人主义伦理观肯定了人的价值,将人本身作为价值的创造者和价值判断的标准,突出了个体在社会秩序中的基础性作用。其次,个人主义伦理观肯定了人的个性和创造性。这一思想不但有利于主体意识的觉醒,也使个体不再仅仅是外在规范的被动屈从者,而是成为具备自律精神和美德的独立个体。

事实上,个人主义伦理观是在市场经济迅速发展,资产阶级反对封建宗法等级制度的斗争中产生的,带有先天的缺陷性。个人主义伦理观强调将个人权利作为一切善的价值合理性依据,必然导致人们对普遍价值和个体道德的冷漠,进而走向道德虚无。而对个人

---

① 高兆明:《伦理学理论与方法》,人民出版社2005年版,第350页。

价值和需要的过度张扬，也必将导致个体作为类存在这一本质的消失，人与社会的关系被割裂，二者最终走向对立。人与社会关系的对立，社会人成为"孤独的人群"，社会呈现原子化和碎片化的趋势。

个人主义伦理观是西方资本主义思想体系中的重要组成部分，贯穿于资本主义社会的始终。尤其是社会发展到后现代社会阶段，个人主义伦理观更是得到了空前的发展。在后现代社会里，人们更加关注自身，关注自身的价值和需要。快节奏的社会生活也使得人们承受着精神和身体的双重压力。人们期望通过一种轻松愉悦的方式获得感情上的宣泄，而精英文化的道德说教已经不适应时代的需要。因此，大众文化凭借其对个体的感官享受和欲望满足以及对个人主义伦理思想的贯彻，成为后现代社会最主要的文化形态。

个人主义伦理观为大众文化的存在和发展提供了理论前提。大众文化打破了西方传统文化的绝对价值观，呈现出"去中心"、反权威的状态，且在文化发展上坚持相对主义和怀疑论。大众文化学者普遍认为，传统文化中的"元叙事""宏大叙事方式"必须打破，文化应该关注人们的现实生活，其思想来源于个人主义伦理观对个人价值的充分肯定。个人主义伦理观认为，个人具有理性能力，是社会价值的创造者和价值创造的最终目的，那么，作为个人物质实践和精神生活最直接表达的大众文化，其存在的目的就是服务于大众，满足大众的需求。另外，作为社会组成部分的个体都有享受文化的平等权利，因为个体生而具有平等的自由权利，而传统的精英文化却将大众平等享受文化的权利剥夺了。

与此同时，大众文化对个人需求的满足、对个人价值的高扬以及对传统普遍价值的解构又促使个人主义的伦理观在大众中得到了更广泛的传播,从而促进了个人主义伦理观的发展。但是,大众文化和个人主义伦理观均是资本主义商品逻辑的产物,对经济利益和个人欲望的无限追求势必导致二者走向道德冷漠和道德虚无。大众文化自然就会表现为一种无深度、无历史感的平面文化。

总之,个人主义伦理观强调个人尊严、个人发展、个性自由以及个人平等的观点。但是,它对个人欲望和价值的过分关注,势必导致大众文化走进道德困境而迷失方向。因此,正确理解个人主义伦理观和大众文化之间的辩证关系,充分发挥个人主义伦理思想对大众文化的积极作用,摒弃个人主义伦理思想的消极影响。只有这样,大众文化才能够永葆生命的活力。

(三) 自由主义伦理观对大众文化的影响

西方的自由观念有着悠久的历史,经历了漫长的发展过程。19世纪以来,随着资本主义的进一步发展,西方资本主义社会不断爆发严重的经济危机和政治危机,这些危机迫使西方思想家开始重新思考西方的自由主义观念。古典自由主义的很多主张已经不再适应时代的需要,逐渐走向了衰弱。第二次世界大战以后,由于资本主义经济的迅速发展和世界格局的变化,自由主义作为一种主流思想在西方国家逐渐复兴起来。

传统的自由主义伦理观认为个人具有主观能动性和充分的自治能力,只要个人被赋予了选择的自由,他就能充分发挥自己的个性,决定自己的命运。因此,传统的自由主义伦理观反对一切形式的强制力量,要求给予人充分的自由。传统的自由主义伦理观包括以下几个方面的内容:

第一，在个人与社会的关系上，传统的自由主义伦理观将个人与社会、个人与他人完全对立起来，表现在伦理思想上就是一种非道德主义，主张用个人的权力意志代替社会道德规范，那么，这些道德规范必然是任意的。因此，自由主义伦理观提倡的是毫无道德规范约束的绝对自由。那么，作为政治权利代表的国家必然成为自由权力的最大威胁，自由主义思想对国家采取了一种怀疑和不信任的态度。

第二，自由主义伦理观赋予个人自由以一种至高无上的道德地位，认为自由与约束之间是一种完全对立的关系。真正的自由是任意的、绝对的，个人行为目的以及衡量标准也完全取决于个人的主观意志，人不用为自己的任何行为负责。自由主义伦理观将个体自由置于最高的地位，在一定意义上来源于尼采"超善恶"的观点。尼采在进行价值体系重构过程中，"上帝之死"是其理论前提，采取了一种超善恶的道德观。在尼采看来，在超善恶的时代里，没有任何道德权威和至上的道德准则，人的行为完全出于人的自由意志，人不用为自己的行为负责。

第三，在自由主义伦理者观点看来，自由被定义为个人私利和功利的满足与实现，是一种纯粹的功利主义。自由主义伦理观认为，人的价值就是自我价值的实现。在资本主义经济迅速发展的西方国家，人的价值的实现在一定程度上表现为个人利益的满足以及生活的完善，也就是对于个人私利的不断追逐。

新自由主义伦理观是传统自由主义伦理观在新的历史条件下的修正和完善。虽然与传统自由主义伦理观在某些问题上存在着差异，但它们的出发点和核心却是一致的，即为个人主义伦理观。而自由主义伦理观提倡的个人主义伦理观直接来源于尼采的非理性主义伦理学中对于人的力量和人的价值的高扬。自由主义的伦理观将个人从基督教神学道德体系的压制下解脱出来，获得了精神上的自由，成为自由的主体，促进了整个社会自由民主的发展。但是，对自由主义的过度追逐，必然使人们做一切事情只从个人利益和自我满足出发，忽视社会道德规范的约束，进而走向道德相对主义和道德虚无主义。

尤其到了后工业社会，大众文化几乎已经成了自由主义伦理观的代名词，大众文化对自由主义伦理观的推崇已经到了无以复加的地步。一方面，大众文化是社会民主自由发展的必然产物，具有平等性的特征。大众文化使文化垄断成为历史，每一个人民大众都有自由享受大众文化权利。人们可以根据自身的爱好和兴趣对大众文化进行"自主性选择"。另一方面，大众文化在自由主义伦理观的指导下，反叛精英、权威和传统价值的束缚，拒斥"真、善、美"等终极价值以及人类永恒的追求目标，崇尚个性、自我以及感性的满足。人们通过不断的追求时尚来实现自身的价值，认为个人当下感官欲望的满足是人生的目的。因此，大众文化消解了传统文化的深度和厚度，转换了人们的价值观念，解放了人们的思想。但是，人们对生活意义的寻求和社会道德规范的遵守不再具有统一性，而成为一种纯属个人的私事和个人爱好。

大众文化作为一种商业性文化，它与文化产业的密切结合，使大众文化对自由主义伦理观的贯彻走向了另一个极端。文化产业的批量生产在满足大众个性化需求的同时，也使大众文化成为一种即时的消遣和娱乐，艺术与现实生活之间的距离被消解，人们在影像的世界里体验快感，放纵自己，追求精神上的自由。但是，大众文化创造的瞬时自由很快就湮没于流行时尚的单一感中，人的自由超越性也就永远无法表达，自由也就成为被瞬间体验所控制的幻觉。尤其是大众文化对人感性欲望满足的过度关注，使人们越来越忽视社会普遍的道德约束，而注重个人欲望的满足，进而使大众文化产品及整个文化产业表现为一种普遍的道德相对主义和道德虚无。

  总之，自由主义伦理观从产生初期，就被运用到西方国家的发展实践中，极大地推动了西方社会经济的迅速发展和社会的稳定。大众文化作为近代资本主义工业社会的产物，自由主义伦理观对其产生和发展有着重要的作用。尤其是新自由主义伦理观对大众文化在后现代阶段的繁荣提供了坚实的理论基础，而大众文化对自由主义伦理观的弘扬也使自由主义渗透到人们日常生活的方方面面。大众文化与自由主义伦理观相生相伴，不可分离。但是，自由主义伦理观毕竟是以个人主义为基础的，与我们社会主义建设过程中提倡的集体主义有着根本的不同。因此，对大众文化与自由主义伦理观的关系进行分析，就要求我们始终坚持集体主义原则，充分吸取自由主义的合理成分，并将这种合理成分运用于我国的文化建设，克服道德虚无主义和无政府主义。

（四）享乐主义伦理观对大众文化的影响

  传统的享乐主义注重自身感觉和感观享受，认为每一种快乐都是相对有限的、个别的和具体的。享乐主义在西方有着悠久的历史，最早来源于伊壁鸠鲁的快乐主义伦理学说，其核心是"身体的无痛苦"和"灵魂的无纷扰"。伊壁鸠鲁的快乐主义学说发展到亚里士多德时期正式被称为享乐主义。

  现代享乐主义伦理观兴起于18世纪晚期，这种新的享乐主义形式与18世纪晚期和19世纪早期出现的浪漫主义伦理观密切相关。

浪漫主义伦理观来源于新教伦理。坎贝尔指出："虽然新教派伦理通常是从禁欲主义或清教徒主义的角度来理解的（因此它可能被认为不利于消费文化的出现），但是此伦理内部的一些分支认为高尚的品德与怜悯和同情心之类的仁慈心肠有关。他认为，这是唯情论者生活方式形成的基础，即好男人或好女人可以通过表达感情来展示他或她的品德，尤其是那些同情和忧郁的感情。最终，这种表达方式会带来它自身的快乐。而不仅仅是一种展现品德的手段。"① 来源于新教伦理的浪漫主义伦理，尤其是大量的浪漫主义文学作品，使人们试图尝试在幻想中体验现实生活中无法享受到的快乐。快乐或快乐体验逐渐与生理满足分开，快乐不再源于特定、具体的行为或者是具体的感观享受，它成为人们经验过程的一个潜在方面。人们在想象中发现这种潜能，并运用这种潜能有意识的创造和操纵幻觉或在幻想和幻觉中体验各种经历和情感，进而为自己营造愉悦的环境，享受幻觉带来的快乐。

后现代享乐主义伦理观的特色在于人们不断发挥和运用想象的潜能，渴望在现实生活中不断经历那些在臆想中创造的快乐。事实上，后现代社会不断更新的新奇商品恰好满足了人们对浪漫主义的渴望，消费表达了人们对幻想快乐的追求。但是，实际消费或使用商品并不会真正满足人们的这种渴望，短暂的愉悦过后，人们体会到的只是消费现实与梦境之间巨大的差距。理想或者是幻想破灭，并未使人们从持续不断的期望——高兴——失望的循环中逃离出来，反而使人们更加痴迷于永无止境的现代消费，直至筋疲力尽。

---

① ［英］西莉亚·卢瑞：《消费文化》，张萍译，南京大学出版社 2003 年版，第 68 页。

享乐主义伦理观的实质是将趋乐避苦看作人的本性，崇尚感性的欢愉和享受。享乐主义者认为人生的真正意义和目的，不是个体社会价值的实现，衡量人生价值的标准也不再是个体对社会的奉献，而是社会对个体的回报。在享乐主义伦理观中，人类真正的幸福就是感性的欢乐和物质的享受。在这种伦理观的指导下，人们经常抱着一种醉生梦死、恣情纵欲和游戏人生的生活态度，追求当下的、感官欲望的满足。享乐主义伦理观任其发展和恶性膨胀，往往会导致拜金主义、物质主义、消费主义和纵欲主义等腐朽伦理观在社会泛滥，从而造成人们的道德观、价值观和人生观发生扭曲。

享乐主义伦理观指导下的价值观和人生观，注重感官享乐和物质享受，鄙视精神需求和精神生活，将物质满足和物质回报作为人生追求的目标和生命的意义。这就使得大众在市场经济所带来的经济繁荣的推波助澜下，不约而同地认同或选择了享乐主义人生观。享乐主义伦理观也使文化的深度感和历史感在感官享乐主导的平面化趋势中被消解。因此，大众文化在享乐主义伦理观和现代科技的促动下，为社会大众提供了一场感官盛宴。

大众文化作为一种娱乐文化，其主要功能是通过游戏、图像等感官刺激来满足人们的文化需要。享乐主义伦理观影响下的大众文化抑制文化的审美功能、道德功能和价值导向功能，推崇享乐主义人生观，将快乐享受作为文化的评价标准和根本出发点。在后现代社会里，人们的生活节奏加快，生活压力加大，消费者不断变化、永不满足的享乐欲望成为后现代消费存在和发展的固有动力，而大众文化通过鼓励消费和提供文化商品给大众带来了短暂的幻想快乐，满足了大众舒缓压力的需求。大众文化的生命力就在于它能够不断地生产和再生产快乐，而大众对快乐的无限需求又构成了大众文化发展的不竭动力。大众文化与大众需求的这种互动关系充分表现出了大众对享乐主义伦理观的价值认同。大众文化通过电影、电视、网络、流行音乐、碎片化阅读等各种娱乐方式，刺激着大众的神经、满足着大众的感官需要。正如伊格尔顿所认为："大众文化的技术方式满足人们绝对的享乐主义本质，使力比多的身体受制于经济的要求，所以在这个时代除了有劳动的身体、欲望的身体之外，更多的是一些残缺不全的身体，这就是大众文化中身体的普遍形态。"[①]

大众文化高举"快乐"招牌，通过感官欲望的满足和游戏化的心理经验帮助人们克服心理上的焦虑，使人们暂时忘却生活中的忧伤和悲哀，沉醉于大众文化制造的幻想世界而无法自拔。大众文化通过轻松流畅的故事，给大众创造出了一个令人心旷神怡的场景，让人们在没有深度的故事情节中消遣娱乐，释放压力，修补现实中的心理创伤。比如，大众文化将人们的日常生活演绎得唯美动人，让大众含蓄地释放心中无意识的冲动。大众文化通过摇滚乐类等通俗音乐唤起人们的积极性和生活的热情，唤醒人们的动感美觉。正如舒斯特曼所说的："像摇滚乐这样的通俗艺术启发一种回归肉体的快乐和美感，它是人类价值领域中被哲学长期压制了的权力。"[②] 可见，大众文化的这种娱乐功能，其功能旨在消除社会对人的异化，消除人的紧张感、焦虑感和压抑感，缓解人的精神压力，使人们在一定程度上得到轻松和自由。

但大众文化是技术迷信和商业扩张时代的产物，带有与生俱来

---

① 傅守祥：《审美化生存——消费时代大众文化的审美想象与哲学批判》，中国传媒大学出版社2008年版，第162页。

② [美] R.舒斯特曼：《通俗艺术对美学的挑战》，载《国外社会科学》1992年第5期，第37页。

的享乐主义倾向，表现出对现实生活的调侃，对传统价值的解构，对道德价值和生命意义的消解。尤其是大众文化的商业本性导致大众文化的娱乐功能越来越呈现出媚俗化的趋势。纵览大众传媒，媚俗之风日盛。裸露的身体、性、暴力、情色、绯闻成为大众文化的主题，低俗取代了严肃，感官刺激覆盖了价值内涵。因此，文化不再是人类生存的内在基础，而成为形象的游戏。享乐主义伦理观对大众文化的渗透，使得大众文化逐渐走进了价值虚无的道德困境。

总之，享乐主义伦理观对大众文化的产生和发展产生了重要影响。享乐主义伦理观为大众文化的产生和发展提供了理论前提和受众基础，而大众文化又使享乐主义伦理观得到了更广泛的传播和认可。在现代科技和现代传媒的共同作用下，大众文化打着享乐主义伦理观的大旗，正在融入人们的日常生活，成为人们的日常生活不可或缺的内容。但我们也日渐清晰地认识到，"失却了审美精神与人文理想制衡的文化是可怕的，文化陷入单边主义和商业实用主义是危险的；这种可怕的背后是非人化与物化，这种危险的内里隐藏着自我的失落和意义的虚无"①。

（五）消费主义伦理观对大众文化的影响

消费主义伦理观是西方社会流行的一种消费思潮。消费主义伦理观鼓励人们极力追求炫耀性、奢侈性消费，追求无节制的物质享受，将物质消费看作生活的目的和人生的价值。消费主义伦理观崇尚感官刺激、物欲至上、享乐第一，忽视人的精神追求和全面发展，是一种有悖于人的本质的文化形态，是一种消极的消费文化样态。

---

① [德] 阿多诺：《否定的辩证法》，张峰译，重庆出版社1989年版，第362页。

消费主义伦理观发展到后现代社会主要体现为，大众将商品象征意义的消费看作是个人自我认同和社会认同的实现过程，是人们高质量生活的标志和幸福生活的象征。

伴随着消费社会的到来，人们对生活价值目标的理解开始发生变化，以物质欲望满足为标志的幸福观逐渐成为社会普遍流行的价值观念。尤其是在经济全球化浪潮的推动下，消费主义伦理观开始在全球范围内滋生和蔓延。正如托马斯·威斯科夫所指出的："消费主义来自资本主义意识形态的一个基本的教义，即认为个人的自我满足和快乐的第一位的要求是占有和消费物质产品。"① 消费主义作为一种伦理思想，渗透到现实生活的方方面面。消费主义伦理观在消费领域表现为大众的高消费和对流行时尚的普遍追求，在文化领域表现为大众文化的积极介入和主导。

消费主义伦理观对大众文化的积极介入，体现为消费主义与文化工业之间的积极关系。大众文化为了使大规模文化生产有利可图，必然从大众的口味、兴趣、幻想和生活方式出发，迎合大众需要，不断制造和生产出大规模的需要，因此，文化工业已经成为推广消费主义伦理观最积极有效的运作机制。反过来，消费主义伦理观通过不断刺激出更多的"需要"，成为文化生产得以运行和发展的动力。与此同时，随着消费主义伦理观的扩散和发展，符号消费、意义消费、身份消费日益成为人们日常文化消费最重要的组成部分，从而促进了文化生产的发展。正是因为文化工业和消费主义伦理观之间的相互作用，使得所有的文化产品都打上了商品生产的烙印，文化产品生产势必要遵循商品生产的逻辑。正如丹尼尔·贝尔所说

---

① 厉以宁：《消费经济学》，人民出版社1984年版，第116—117页。

的:"由于宗教伦理遭到严重侵蚀,个人收入的自由支配部分大幅度增加,致使文化掌握了倡导变革的主动权,而经济领域日益被动员起来去满足新的欲求。"① 因此,消费主义伦理观与大众文化之间有着密切的关系,大众文化积极提倡消费主义伦理观,是因为大众文化本身的商业性本质;而消费主义伦理观对大众文化的积极渗透,则有助于消费主义伦理思想在大众中的广泛传播和不断发展,进而获得更广阔的生存空间。

消费主义伦理观作为一种后现代伦理思想,已经在大众文化的推波助澜下成为人们日常生活的一种方式。消费主义伦理观的这种发展趋势,势必导致追求商品符号价值的"炫耀性消费"成为人们竞相追逐的消费行为。炫耀性消费是一种通过消费行为让他人明了自身的经济力量、权力、地位等,进而获得外界的认同和心理上的自我满足。这种消费方式必然带来物质主义和享乐主义的扩张。当代西方马克思主义者马尔库塞和弗洛姆对消费享乐主义进行了深刻的批判,他们认为消费主义掩盖了消费行为背后操纵消费者激情和欲望的资本和权力的作用,从表面上看,消费者在消费中享受到了"自由"和"幸福",但人们失去了生活以及人生的真正意义和价值。人不仅仅有物质需要,还有精神的满足,而失去精神满足和价值意义追求的人,其人生势必是空虚的。比如现代广告就将身份、地位、富有、品位等象征意义赋予商品,使"商品自由地承担了广泛的文化联系与幻觉的功能。独具匠心的广告就能够利用这一点,把罗曼蒂克、珍奇异宝、欲望、美、成功、共同体、科学进步与舒

---

① [美]丹尼尔·贝尔:《资本主义文化矛盾》,赵一凡译,生活·读书·新知三联书店1989年版,第35页。

适生活等各种意象附着于肥皂、洗衣机摩托车及酒精饮品等平庸的消费品之上"①。大众在无穷无尽的符号、影像的影响下,通过物的价值来确认和彰显自身的价值,人性沦落为物性,导致了消费拜物教观念的流行和人与物之间关系的异化,社会生活的道德秩序发生了严重的扭曲。消费主义伦理观倡导的是"一次性"的消费。这种以是否合"时尚""合潮流"以及"我是否喜欢"作为判断商品使用寿命的消费方式,使得商品的使用寿命越来越短,资源的浪费也越来越严重,不断翻新的手机新品就是例证。

消费主义伦理观对大众文化的渗透主要体现为人们在享受文化产品的过程中更加强调感官刺激和视觉享受,更强调将感官欲望满足作为人生追求的主要目标和最高价值。大众在大众文化的强大宣传攻势下,相互模仿、相互攀比、追逐时尚、追逐流行。美国著名歌星麦当娜的歌曲《物质女郎》,香港众明星合演的电影《购物狂》以及很多用商品名称命名的流行文学,已经充分说明了消费主义伦理观渗透于我们日常生活的方方面面。尤其是以满足人的感官需求为目的的大部分文化作品,更是将各种渲染色情、暴力等低级庸俗的内容引入文化作品中来,并占据了大众文化的很大一部分空间。人们这种异化的需要和几近病态的消费取向,使人日渐沉溺于物欲的追求和虚荣的泥沼而无法自拔,人们逐渐丧失了道德责任感,进而失去了对生活的多维感受和积极向上的生活能力。

因此,消费主义伦理观影响下的大众文化,如果任其流行,会使人们错误地将纵欲享乐、物质财富和身份地位作为人生的意义和

---

① [英]迈克·费瑟斯通:《消费文化与后现代主义》,刘精明译,译林出版社2000年版,第21页。

价值理想。尤其在二者的双重影响下，人们会普遍的感到空虚无聊和生活意义的丧失，人们的精神文化也会出现危机。

（六）境遇主义伦理观对大众文化的影响

境遇主义伦理观作为一种伦理思想，是20世纪60年至70年代美国基督教新道德运动的产物。两次世界大战以后，西方社会出现了一系列新问题和新情况，如：国家间处于敌对和隔膜的状态；经济危机以及经济不景气使得社会两极分化日益严重，社会资源分配严重不合理，工人运动不断高涨；第三世界国家迅速崛起，反战运动和争取人权的运动盛行。尤其是到了20世纪60年代，伴随诸如电脑网络、人工智能、器官移植、基因工程、克隆技术出现的信息技术革命，以及生态环境危机等社会现象引发的道德反思，再次引发了人类现代文明与传统伦理观之间的激烈对抗和挑战。在这样的时代背景下，面向生活实践的境遇主义伦理观产生了。

基督教在西方国家有着悠久的历史，为了适应时代的变化，基督教也在不断地完善和改革。到了19世纪末，随着自然科学和社会的发展，基督教本身的弊端日益暴露。尤其是德国著名思想家尼采从"价值重构"的角度发出"上帝死了"的断言，基督教神学道德体系彻底坍塌。因此，自19世纪末开始，基督教进行了一系列的积极宗教改革，并开始了世俗化和现代化的进程。在这一进程中，越来越多的宗教神学家认为基督教应该改变传统的盲目遵守基督教神学教条的状况，充分发挥道德主体的积极性和创造性。境遇伦理观就是基督教宗教改革的产物，但由于它强调道德选择应该面向现实生活和道德实践，对待道德规范应该灵活，因而具有反宗教的思想解放的性质，最后被基督教会当作异端禁止了。

美国伦理学家弗莱彻是境遇主义伦理观的杰出代表。他认为，在进行道德选择的过程中，人们不应该盲目遵循道德规范，而应该在不同的条件下采取不同的方法。境遇主义伦理观的方法是"在任何时候都要根据行为者面临的具体境遇——当时当地的情境、背景、影响道德抉择的诸多因素等——由行为者本人现实地做出道德决定。根据这一方法，在面临道德选择时，行为者绝不可盲目地遵循既定的道德规则，而应把境遇方面的'变量'同道德规范的'常量'放在同等重要的位置上予以考虑。在必要时，应当根据境遇的需要改变道德规则"①。在这里，弗莱彻强调的是道德规则的非绝对性及其可变性，认为人们应当根据实际所处情境进行道德选择。在弗莱彻的境遇主义伦理观中，除了对上帝的爱和信仰是绝对不变的，一切道德规则都可变。在他看来，上帝是如此热爱他所创造的一切，人们就应该像上帝爱他们一样热爱上帝和他人。在任何境遇中，只要遵从上帝之爱，就一定是善和正当的。上帝之爱就是人世间的至善。弗莱彻指出："境遇伦理学直截了当地主张，只有一条原则——爱。至于爱在实践中的涵义，没有任何预先规定。其余一切所谓的原则和准则都是相对于特殊的、具体的、境遇的。"②

弗莱彻论证境遇伦理观的理论出发点是实用主义、相对主义、

---

① 车铭洲：《现代西方思潮概论》，高等教育出版社2001年版，第355—356页。

② 参见石毓彬等主编：《当代西方著名哲学家评传》，山东人民出版社1996年版，第444页。

实证主义和人格主义。首先，实用主义是境遇伦理学进行论证的有效工具，但在运用实用主义的过程中，要以上帝之爱作为基础。其次，相对主义是境遇伦理学的理论方法。弗莱彻认为，任何事物都是相对的，不存在任何绝对的东西。再次，弗莱彻运用神学实证主义论证了境遇伦理学中有关道德信仰的问题。最后，人格主义是境遇伦理学中对上帝之爱的最终结局。弗莱彻认为上帝之爱的最终落脚点是对人的爱，对人格的关心。

20世纪下半期，境遇主义伦理观提倡的这种相对主义价值观成为了时代的主导。在日益开放并呈现全球化趋势的世界环境中，传统民族习俗、地域风俗和社会道德的绝对性都变得无足轻重。大众文化深受境遇主义伦理观和相对主义伦理思想的影响，凭借其消解权威、削平深度模式和历史深度的特征，成为后现代思潮解构"现代性"的重要力量。曾经有一个作家在其作品中对境遇主义伦理观对大众文化的影响有过深刻的描写："全看你在什么地点，全看你在什么时间，全看你感觉到什么，全看你得到什么培养，全看你是什么东西受到赞赏……哪里有许多思潮互相对抗，一切就得看情况，一切就得看情况。"①

尤其是20世纪60年代以后，以欧美为源头的青年运动，堕落、时尚成为当时大众文化的主题，甚至成为当时世界的潮流。摇滚乐、嬉皮士、牛仔式的反叛，性感化的审美标准以及反文化的心态，逐渐成为当时大众文化作品的主题和大众竞相追逐的对象。在这样境遇主义伦理观泛滥的时代背景下，任何绝对化的价值标准都显得无

---

① [美] L.J.宾克莱：《理想的冲突》，商务印书馆1984年版，第10页。

比脆弱和单薄。这就使得大众文化呈现出鲜明的反传统、反普遍客观性和反永恒道德价值的特征。大众文化越来越注重大众当下感官享乐的满足，进而演变成碎片化、平面化和无深度的快餐文化。当然，境遇主义伦理观在大众文化的推波助澜下也得到了更多民众的认可，尤其是网络时代对异质性、个人化的强调，但主体意义上的境遇主义伦理观与绝对价值、普遍道德却日渐疏离。

总之，弗莱彻的境遇主义伦理观冲击了传统的基督教伦理学，使人们开始重新考虑绝对道德原则是否存在的问题。境遇主义伦理观认为，人们在进行道德生活的过程中，在不同的具体的境遇内会产生不同的道德规范，突出强调了在不同的历史条件下，会形成不同的道德规范，不存在任何一种永恒不变的道德准则。大众文化基本上继承了境遇主义伦理观的基本思想，并通过大众传媒将境遇主义伦理观传达给大众，进而成为现代大众普遍所持的伦理观。但事实上，境遇主义伦理观具有很大的不彻底性，其对道德相对主义的过分宣扬，容易使人陷入道德绝对主义的境地，最终走向道德虚无主义。而大众文化对境遇主义伦理观的提倡，也会导致大众文化陷入道德虚无主义的泥沼而无法自拔。就如克里斯托夫·霍洛克斯在《鲍德里亚与千禧年》中所说："在过去的那个时代，黑格尔、马克思、法兰克福学派、境遇主义者们都怀有这样的一个梦想，终结异化，使主体（我们自己）获得解放，再不受非真实、异化了的生活、工作和文化的束缚。不幸的是，他们的这个解放人类主体的梦想确实实现了，而且实现到了令人恐惧的程度。异化终结了，可是人文主义的主体并没有因此在自由中重新获得自我，它仅仅获得的是一个身份，它仅仅是一个身份的所有者,而并没有获得自己期盼已久并为之努力奋斗的主体性。一切自由的梦想都幻灭了。"①

---

① [英]克里斯托夫·霍洛克斯:《鲍德里亚与千禧年》,王文华译,北京大学出版社2005年版,第113页。

第五章 当代中国大众文化的伦理诉求

在文化全球化的进程中,不同国家与民族间的文化相互渗透、相互融合。大众文化作为当今时代最主要的文化形态之一,已经扩展到世界的每一个角落。当代中国大众文化在经济、文化全球化浪潮的推动下,迅速发展壮大,对当代中国的社会发展产生了重要影响。当代中国大众文化的产生和发展,对当代中国的文化建设和人民大众的生活方式起到了积极的推动作用。但是,大众文化对商业性和娱乐性的过分追求,则导致了当代中国大众文化在发展过程中出现了一系列道德失范现象,对社会的发展进步产生了诸多消极影响。因此,从伦理学的角度对当代中国大众文化进行辩证的系统分析,将有助于当代中国大众文化的健康发展。

一、当代中国大众文化现状

改革开放,特别是20世纪90年代以来,随着我国社会主义市场经济体制的建立、科学技术的迅猛发展和人民生活水平的迅速提高,加之西方文化产品、文化观念的大量涌入,大众文化作为一种以大众传播媒介为物质依托,以社会大众为消费对象,按照市场规律进行批量生产的新型文化形态在我国悄然兴起,并迅速发展壮大。

随着市场经济的进一步拓展，当代中国大众文化蓬勃发展，并且已经深入到人们的日常生活当中，影响和改变着人们的生活方式，成为人们日常生活不可或缺的组成部分。

（一）当代中国大众文化的产生背景

当代中国大众文化是世界经济一体化、文化全球化以及中国市场经济繁荣发展的必然产物，是中国社会变革和市场化文化建设的必然抉择。大众文化在中国的出现和盛行促进了中国文化的进步，开拓了文化生产的空间，活跃了人民大众的文化生活，实现了真正意义上的文化共享。可见，当代中国的大众文化的产生有着深刻的国际和国内背景。

大众文化虽然兴起于西方，但随着人类社会经济、政治以及文化的发展，已演变为世界范围内的一种文化现象。作为一种世界性文化现象，大众文化泛化生成与全球信息一体化以及全球文化多元化息息相关。人类社会进入20世纪以来，生产力和科学技术获得了空前的发展和进步，全球信息一体化进程呈现明显加速的态势。尤其是第二次世界大战以后，和平与发展成为时代主题。在这一历史背景下，世界科技得到空前发展。电子计算机、人造卫星和电视机的出现，彻底改变了世界交流方式和人们的生活方式。尤其是人造卫星的出现更使这三者联系成为一个整体，共同构成了当今世界的信息交流网络。这三项发明在20世纪末，给社会的信息传递和文化交流带来了前所未有的便捷，同时也为人类文化进步发展奠定了坚实的基础。

第一，全球信息一体化为人类文化的整体发展提供了条件和可能。全球信息一体化突破了以往文化交流的空间和时间限制，使文化的时空距离大大缩小；打破了民族间的文化垄断或阶层垄断，客观上将整个世界变成统一的文化参与整体，所有的民族都可以参与到文化的消费与创造中来。全球信息一体化进程的不断推进使当代社会的文化交流和融合变得空前频繁。现代信息网络无孔不入，将以往隔绝的人们紧紧地捆在一起。人们在全球信息一体化面前，经常会有空间的拥挤感和现实的无奈，因为任何个体的行为、局部的行为都有可能造成全球的影响。当代社会的流行时尚就是全球信息一体化最突出的产物。文化的快速交流必然引发文化间冲突的加剧。文化间的冲突表现为同一文化体系内部个体与群体的冲突以及不同文化形态的冲突，而这些冲突表现在精神价值层面则为民族传统与时代精神的冲突，即大众文化所倡导的标准化、平面化、感性化与传统价值的冲突。

以上表明，全球信息一体化为大众文化的传播和普及创造了优良的环境，使其在短短十几年间迅速推广到世界的每一个角落。电视、电影、手机、网络平台、4G 网络等现代信息传媒手段已经成为大众文化最主要的载体，人们通过这些现代传媒手段，不断融入到大众文化当中，与大众文化产品一起创造了一个又一个神话。在全球信息一体化的影响下，人类文化创造的一切领域都发生了巨大的变化。尤其是伴随着 19 世纪理性绝对主义原则时代的结束，现代世界文化进入了文化多元化的时代。文化多元化发展带来了理性的活跃和思想的解放，人们越来越希望通过不同的文化形式尽情地表达自身的文化价值追求和文化理想，并希望在一种更加多样的文化形态中得到精神的愉悦和情感的满足。

大众文化以市场为导向，以大众需求的满足为目的，具备通俗性、可复制性、无深度感和娱乐性的特征，恰好满足了大众对文化的这种需要。尤其是大众文化作为一种复制性的话语，追求的是无个性的标准化和媚俗的当下感受性，从而突破了精英文化对伦理的严肃性、创造性以及历史意义的追求，使大众更容易接受。可见，全球信息一体化趋势和全球文化的多元化趋势，将产生于西方的大众文化带到了世界的每一个角落，作为全球经济和文化重要组成部分的中国，也势必受到全球信息一体化和文化多元化的影响，当代中国大众文化的崛起就是最好的例证。

当代中国大众文化最早就是通过模仿西方和中国港台地区大众文化的写作方法、写作内容和制作模式而逐渐兴起和发展起来的。比如，中国大众商业电影的兴起，最早就是借鉴了西方电影的制作模式。首先，中国大众电影生产在投资方式上发生了改变。它改变了过去电影生产只由国有制片厂投资的模式，而是将社会民间集资和海外投资运用到电影制作中来。其次，在电影发行方式上，中国大众电影改变了原来统购统销、垄断经营的发行体制，而是将西方电影的商业运作机制引入到中国电影中来。这就使得上座率和票房自然成为衡量电影质量的重要标准。与大众电影一样，中国的电视剧、流行文学、流行音乐等大众文化主要类型，其产生和发展也是在不断的借鉴和学习西方大众文化的基础上，逐渐形成了自身的特色。改革开放之初，人们听到的流行歌曲基本上都是来源于中国港台地区和西方，比如邓丽君的婉约歌曲、迈克尔·杰克逊的摇滚以及朋克乐队的音乐曾经成为80年代中国流行歌曲模仿的对象，中国的校园民谣和崔健的摇滚乐都是在借鉴中国港台地区和西方流行音乐的基础上形成的。

第二，中国国内经济、政治、思想、文化环境的巨大变化，也为当代中国大众文化的崛起提供了充分的条件。首先，中国市场经济的发展是大众文化产生的根本原因。伴随着市场经济的发展，中国大众的自我意识不断觉醒，思想不断解放，人们逐渐开始关注自身的感受和文化的需要。人们逐渐发现传统精英文化具有的强烈意识形态性，必然给人带来心理上的紧张和精神上的压迫。这就使得大众越来越需要一种轻松愉快的文化形式，用以缓解人们的这种心理紧张情绪。同时，伴随着中国市场经济体制改革的推进，文化生产机构逐渐被推向市场，文化受众的需求成了文化生产的重要目的和出发点。文化作品的精神内涵让位于经济利润，经济规律代替了审美原则，票房收入成为衡量文化作品质量的唯一标准。这就意味着大众文化作品的道德内涵和伦理价值在经济利益的驱使下被不断地消解。大众文化作品对经济利益的追求和对大众口味的迎合，必然使其在精神实质上坚持反对传统、反对客观普遍性、反权威和反永恒价值的价值取向，进而在内容和形式上呈现出平面化、碎片化和庸俗化的特征。

第三，改革开放对"文革"时期左倾思想文化禁锢氛围的解除，催生了人们表达个性自由的大众文化。那个时期提出的关于"实践是检验真理的标准"的全社会大讨论，不仅是理论研讨，更是社会大众的思想文化启蒙运动。这一标准的提出使社会大众突破了思想的专断，结束了长期禁锢中国人头脑的教条和迷信，有了一定的思想和言论自由。人们开始尝试寻找假象背后的真理和做出正确的抉择。随之而起的人道主义、人性论的热点争论，也点燃了社会大众心中那些超越阶级性的人性激情和欲望。思想文化以及大众个性得到了极大解放，有些时候或有些方面，这种"解放"甚至以"矫枉过正"的模式被演绎着。余华在回答《法兰克福汇报》记者马克·西蒙的提问时曾说："没有文革时的压抑，也就没有中国今天的种种放纵。当放纵是从压抑里释放出来时,这样的放纵就会极其汹涌。"① 比如,20 世纪 80 年代以后,中国大陆兴起的"文化热",就是这种矫枉过正的结果。人们重新拾起的启蒙、科学、民主、理性等价值被再次批判和否定,意义、规则和道德被消解,前卫的青年学人硬要跳过中国现代国情,试图与世界接轨。大众文化就是在充满了激进的和理想主义的环境和氛围中,迅速地发展和蔓延开来。

此外,伴随市场经济模式而来的文化意识形态的相对淡化,也为中国大众文化提供了宽松的环境。而且,"文革"时期对大众思想的禁锢,使普通民众对意识形态特征严重的精英文化产生了一种高高在上的距离感。这就使得大众在文化意识形态相对淡化的市场经济模式下,更乐于接受轻松愉快的大众文化形式。因此,文化创作不再强调意识形态的分野,而是用平常化的共同人性来宽容的对待文化大众。文化不再是道德说教、陶冶灵魂、表达理想的主要方式,而是一种提供感官快乐和满足的手段,文化欣赏成为一种文化消费,文化美学成为了一种快餐文化。在文化多元的和宽容的前提下,理想被嘲弄,崇高被调侃,传统被颠覆。在某种程度上,人们不再需要严肃的、启蒙的、具备批判功能的精英文化,而大众文化恰好满足了人们的这种心理,自然成为当代中国社会最主要的文化形态之一和社会大众的一种生活方式。可见,中国当代大众文化的产生是国际、国内环境相互作用的产物,它既带有西方大众文化的基本特征,又与中国的现实社会情境相结合,具有明显的中国特色。

---

① 余华:《巨大欲望的时代》,载《法兰克福汇报》(德国),2006 年 4 月 21 日。

（二）当代中国大众文化的特征

中国大众文化经过近 20 年的发展，在一定程度上已经逐渐摆脱了对西方大众文化的依附，正在逐步形成具有中国特色的大众文化形式。当然，大众文化作为一种文化形态，当代中国的大众文化和西方的大众文化在艺术特征方面是一致的。中国大众文化的产生环境与西方大众文化有着根本的不同。虽然我国已经成为仅次于美国的第二大经济体，但我国仍处于社会主义初级阶段，生产力总体水平还比较低，城乡差距还客观存在，尤其在社会主体人群中，农民占到了一半以上的比重。因此，当代中国的大众文化受众的主要组成部分是城市居民和一部分经济比较发达地区的农民。

中国大众文化并没有完全脱离主流文化和精英文化的指导而成为一种完全独立的文化形态，培育理性精神和伦理精神始终是当代中国大众文化的重要任务之一。当代中国大众文化植根于当代中国社会大众的日常生活实践，继承了中国传统文化的优秀内容，有着区别于西方大众文化的诸多特征。

第一，当代中国大众文化具有大众性。当代中国的大众文化反映了人民大众的日常生活实践，讲述的是"老百姓自己的故事"。当代中国大众文化突破了过去社会形态中，精英文化或主导文化总是被少数社会上层把持的局面，使文化不再是少数人的文化、贵族的文化。在传统社会中，文化享受被认为是一种资格、地位和身份的象征。而在当代中国社会，人民大众是文化享受的主体，人民大众的生活实践是文化的主体内容，人民大众的需要决定了大众文化发展的基本方向。因此，当代中国的大众文化在一定意义上是一种回归于人民大众的文化，是人民大众自己的文化，人民大众也在大众文化中真正看到了自己生活的文化再现。

比如，80年代流行的电视剧《渴望》《篱笆、女人和狗》《辘轳、女人和井》《古船、女人和网》以及近期热播的一系列以东北农村生活为题材的电视剧和以现代都市婚姻生活为题材的影视剧，如《乡村爱情》《结婚十年》《新结婚时代》《父母爱情》等，都直接反映了中国大众的现实生活和亲身感受。当代中国大众文化的大众性还体现在人民大众不仅仅是大众文化的消费者，还表现为大众的需求对大众文化的创作、流通和反馈有着重要的影响。近些年来家庭伦理剧的兴起就是最好的例证。家庭伦理剧是对老百姓日常生活中的凡人小事、市井碎语以及家庭闲话不厌其烦地加以反映，力求以自然的笔触，演绎原生态的家庭生活。大众影视剧作品对家庭生活的关注，反映了当今社会大众对温馨、美好家庭生活的向往和期盼。尤其是在这个处处充满着诱惑的现代社会，安定的家庭成为很多人心灵休憩的港湾。家庭伦理剧正是抓住了当代社会大众的这种心理需求，从而满足了大众的心理需求，也因此大获成功，如《小别离》等。可见，当代中国大众文化把我国社会大众的日常生活实践作为文化创作的来源，吸引了更多的人民大众参与到大众文化当中来，因而具有大众性特征。

第二，当代中国大众文化具有很强的包容性。当代中国大众文化产生于全球信息一体化和文化多元化的国际背景，又植根于丰厚的中华民族传统文化的基础上。因此，当代中国大众文化既包含了西方大众文化的特征，又吸收了当代中国其他文化形态的优秀方面，这必然决定了当代中国大众文化具有很强的包容性。

事实表明，当代中国社会正处于政治、经济、文化的剧烈转型期。农业文明、市场经济价值理念与当代西方文化思潮、伦理思潮交织在一起，共同影响着大众的价值观念和生活方式。与之相伴随，当代中国大众文化呈现出形式各异、千姿百态、繁荣发展的局面。首先，当代中国大众文化充分利用了西方大众文化的丰富资源，几乎将西方大众文化所涉及的所有文化形式都引入到当代中国大众文化之中，并加以改造、加工和吸收。其次，当代中国大众文化也将现代大众传媒手段充分运用于中国传统文化当中，从而扩大了中国传统民间文化的传播范围和受众范围。

此外，当代中国大众文化的包容性还体现为大众文化对社会精英文化和主流文化的改造和利用。大众文化将很多经典性的精英文化进行了加工和改造，使其成为大众文化的内容来源和有机组成部分，诸如大众文化将《红楼梦》《西游记》《水浒传》等文学经典改编为电影、电视剧和卡通片。以上说明，当代中国大众文化具有很强的包容性特征。我们知道，社会宽容是一种伦理要求，就如苏联著名教育学家苏霍姆林斯基所说的那样，有时宽容所引起的社会及个人的道德震动比惩罚更强烈。同时，宽容也是社会文明进步的表现，是中国传统优秀伦理文化的基本精神之一，是实现当代中国社会和谐的一块重要基石。大众文化从一个独特的领域和平台，反映了中国当代社会伦理宽容和文明进步的信息。

第三，当代中国大众文化具有很强的民族性特征。"当代中国大众文化的民族性主要是指它以民族精神为基点、发掘和利用民族文化资源，采用民族语言和民族风格，反映现代中华民族的生存生活实践。"[1] 当代中国的大众文化在发展过程中，经历了从模仿到本土化的发展轨迹。大众文化刚刚传入我国之际，凭借其本身的娱乐性

---

[1] 金民卿：《大众文化论——当代中国大众文化分析》，中共中央党校出版社2002年版，第83页。

和新鲜刺激的特征,着实吸引了中国大众的众多眼球。但随着时代的发展和中国老百姓整体文化素质的提高,中国大众越来越需要一种能够体现中国大众的自由意志和满足中国大众自身精神需求的文化形式。这种大众文化形式必须是中国人自身的审美取向、道德观念、文化品位、语言风格和生活方式的体现,反映的是中国大众的日常生活实践,也就是要用中国声音讲述中国故事。当代中国大众文化的这种民族性特征并不仅仅是对西方大众文化的简单嫁接,而是要使大众文化植根于民族文化的沃土。中国大众文化既要将民族文化中大量的优秀内容加以改造,又要将中国民族文化中的优秀民族精神和道德传统加以发扬光大。

中国传统民族文化中蕴含着丰富的优秀伦理精神,比如孝敬父母、无私奉献、关爱他人、热爱祖国等,这些优秀的伦理精神为当代中国大众文化提供了宝贵的资源。例如很多流行歌曲表达的就是人与人的真情和炎黄子孙对祖国的热爱。韦唯的《爱的奉献》和2008年四川地震期间涌现出来的一系列歌曲,表达的就是对人间真情的赞美和中国人的大爱精神;张明敏的一曲《我的中国心》,不知感动了多少海外游子的心;王力宏的一首《龙的传人》,让每一个中国人都充满了自豪和力量。而且,随着时代的进步和社会的发展,中华民族的民族自尊心和自信心将日益增强,中国大众文化的民族性特征也将越来越突出。

综上所述,当代中国的大众文化经过20多年的发展已经成为独立、自主的文化形态,它以大众性、包容性和民族性与西方大众文化区别开来。因此,我们对当代中国的大众文化进行研究,一定要从当代中国的社会现实出发,从中国大众文化的实际情况出发,而不能将西方的大众文化批评的理论和方法简单或直接的用于当代中国大众文化的分析中来。当然，当代中国大众文化毕竟是一种在市场经济条件下产生的文化形态，势必包含一些缺憾和弊端。尤其是大众文化对道德内涵和伦理精神的消解而导致的平面化、碎片化和无深度的发展趋势，就更需要我们对当代中国大众文化的积极功能和消极影响进行辩证的研究和分析。

(三) 当代中国大众文化的伦理分析

当代中国大众文化的崛起，是中国文化从政治文化或启蒙文化向娱乐文化转型的过程，也是中国传统审美文化向产业文化转型的过程，这个过程大大推进了中国文化的平民化进程。但是，当代中国大众文化的兴起，也使得大众文化表现出明显的商业性、游戏性、娱乐性等特征，成为一种无深度的平面文化。尤其在越来越多的文化景观中，大众文化已经与主流文化或精英文化处于并立的位置。大众文化的商业性特征和娱乐性特征，必然导致当代中国大众文化在内容和形式方面侧重于满足大众的感官刺激和本能欲望，忽视了文化应有的道德理性、审美价值、思想深度和社会终极关怀等内容。这也就使得很多大众文化消费者在感受高科技手段所带来的刺激的过程中，忘却了自我意识和自我判断。大众文化给文化大众带来强烈心理压迫感的同时，也会导致其感性能力畸形增强，而理性能力却日趋萎缩。因此，对当代中国大众文化进行必要的伦理分析，将有助于我们规避大众文化的消极影响，从而正确引导大众文化的发展方向。

第一，大众文化作为一种商业文化，是文化工业化的产物，这就要求大众文化的运行必须遵循经济规律和市场机制。面对当代中国大众对休闲娱乐的渴求，大众文化凭借其本身的娱乐性、流行性和大众性逐渐满足了大众的需求,从而迅速成为大众普遍接受的文化形式。在文化工业和大众传媒的技术支持下,大众文化产品的无限量复制和低廉的价格就成为可能,这就使得文化欣赏不再是一种奢侈的文化享受和社会精英的文化特权,而是成了所有的社会大众都能够负担的文化消费。大众文化的兴起推动了文化的民主化和平民化进程,也利于社会文化宽容这一伦理要求的真正实现。

但是,大众文化的商业性特征要求大众文化作品从创作、生产、传播到消费的全部过程,都必须遵循市场经济的运行机制。这就导致大众文化作品的创作变成了"制造",构思成为"策划",大众对文化作品的阅读和欣赏则成了"消费"。大众文化产品在商业性特征的促动下,日益呈现出感性化、复制化和平面化的发展趋势。正是在这种情况下,大众文化开始对快乐主义、享乐主义和消费主义伦理观的不懈追求,而拒绝了文化中所蕴含的普遍道德追求,浅薄的幽默和调侃对理性思考的代替就是鲜明的例证。比如,流行歌曲中回荡着《无所谓》《吻别》和《孤独的人是可耻的》……大众影视作品中充斥着《红蜘蛛》《一地鸡毛》《合约情人》以及一系列的有关帝王奢侈生活和宫廷内幕的"清宫戏""明宫戏"等;网络更是成为暴露明星隐私和网民实施网络暴力的"最佳"场所。可见,在大众文化商业性特征的促使下,大众文化对社会的普遍价值、传统道德观和道德理性进行了解构和消解,使大众文化丧失了文化的崇高感和道德感,从而给社会的道德建设带来了一定的破坏。

第二,当代中国大众文化有着一定的道德教育功能。大众文化作为一种文化形态,蕴含着一定的道德内涵,反映着一定社会的道德水平和大众的道德素质。中华民族是一个讲究道德的民族，中国大众有着很强的道德意识和道德感，那些以弘扬中华传统美德为宗旨的大众文化产品满足了大众的这种需求，必然得到大众的肯定和认可。而且，大众文化为社会道德教育提供了多样的、轻松愉悦的教育方式和途径，使社会道德教育远离高高在上的道德说教，而成为一种贴近大众日常生活的道德引导和关怀。比如以弘扬爱国主义、表现侠义精神和伸张正义为主题的金庸小说以及根据小说改编的电视剧就深受大众的喜爱；以表现中国人坚忍不拔的抗争精神为主题的《闯关东》《走西口》等，一经播出，立即引起了人民大众的普遍共鸣；尤其是作为中国第一部室内剧《渴望》的播出，更是为广大观众塑造了一个集中华传统美德为一身的女性形象——刘慧芳。《渴望》的热播，突出体现了中国大众对美好的人伦思想和价值关怀的追求和向往，使处于社会转型期的人民大众得到了个体欲望的替代性满足。

但是，随着中国市场经济的发展和改革开放的不断深入，西方很多腐朽思想不断传入我国，尤其是很多大众对物质享受的过分关注，导致了享乐主义、拜金主义、物质主义和消费主义等腐朽价值观在中国有抬头之势。而我国社会大众的整体道德素质还不是很高，对于一些腐朽价值观的辨别力还不够，再加上大众本身的盲从性，更容易受到腐朽价值观的影响。比如现代商业广告中对奢侈生活和女性身体的片面展现，就会使社会大众形成注重物质享受、及时行乐和游戏人生等人生观和道德观。

第三，诚信问题是对当代中国大众文化进行伦理分析所关涉的重要问题之一。对大众文化中的诚信问题进行研究首先要从伦理学的角度对大众文化产品中的道德含量进行辩证分析，即大众文化产品是否对现实生活中的道德现象进行了客观反映,是否在反映的过程中进行了价值评价以及是否宣扬了一定的伦理观念。例如当今中国大众文化产品对中华传统美德的弘扬、对非道德的拒斥和对新道德的探索就充分体现了大众文化的道德含量。优秀的大众文化产品坚持对传统美德进行弘扬,对当下社会的不道德现象进行严肃批判,赢得了大众的普遍喜爱。

但是,也有很多大众文化作品缺乏一定的道德内涵和伦理精神,甚至有些大众文化生产者和明星为了获取高额回报,完全置道德要求和规范于不顾,利用虚假广告对消费者进行欺骗。比如很多广告通过夸大产品的质量、制作成分、性能、用途和疗效来对产品进行失实的宣传,或者通过模糊的语言让消费者产生误解,或者通过不公正的广告诽谤和诋毁竞争对手来宣传自己的产品。这些虚假广告的存在,严重扰乱社会经济正常秩序的同时,也扰乱了社会的道德秩序。另外,还有一些大众文化产品表面上是对道德的维护和张扬,其最终目的不是对人性问题进行道德探讨,而是从经济利润角度出发对大众情感的迎合和取巧。比如,现代影视剧中流行的宫廷戏,其中有很多内容是对封建腐朽伦理观的认同。这也就使得很多大众文化产品表达出来的传统道德过于迂腐,进而严重阻碍了文化的发展和社会的道德水平的提高。可见,对大众文化产品的道德含量进行辩证的考量和分析,肯定那些弘扬传统美德的文化作品,拒绝阻碍社会进步的伪道德,将有利于中国传统道德的弘扬和社会的道德进步。

第四,大众文化生产者的道德倾向和社会使命也是对当代大众文化进行伦理分析的重要维度。大众文化生产者"肯定什么、否定什么、展示什么、回避什么,是否能形成社会性道德褒扬和贬斥的力量，是否有利于社会道德的健康发展"。① 这也就是说，大众文化生产者的道德倾向和创作态度对整个社会道德的健康发展有着重要影响。如果大众文化生产者拒绝普遍的道德诉求，一切从当下的感官快乐出发，持道德虚无主义的文化心态。那么，他的文化作品势必缺乏理性的思考，充满了浅薄的幽默和无聊的呻吟。例如一些流行音乐充斥着"糊涂的爱""死了都要爱"……而个别影视作品则充斥着色情、暴力、无厘头和戏说。因此，在这种错误道德倾向的影响下，大众文化大多提供的是一些无深度、平庸的文化作品。而大众也在"跟着感觉走""潇洒走一回"甚至"过把瘾就死"的文化消费过程中消解着价值观、道德准则和进取精神。相反，如果文化工作者具有很强的社会责任感和道德责任感，就会创作和制作出优秀的文化作品。比如，电影《红高粱》《菊豆》《阳光灿烂的日子》《一个都不能少》和《我的团长，我的团》等一系列影视剧作品，一方面展现了当代中国大众文化工作者本身的文化内涵和道德素质，另一方面也展现了他们的社会责任感和历史使命感。

总之，无论是当代中国大众文化的内容、运行机制、社会评价体系，还是其运行过程中的诚信问题和文化工作者的道德责任问题，都与当代中国大众的伦理观和社会道德规范体系有着密切的联系。当代中国大众文化中蕴含着丰富的道德资源，为伦理学的研究提供了多样的研究课题。从伦理学的角度对当代中国大众文化的各个维度进行分析，将有利于当代中国大众文化健康、积极、有序的可持续发展。

---

① 许文郁、朱元忠、许苗苗：《大众文化批评》，首都师范大学出版社2002年版，第178页。

二、后现代伦理思想对当代中国大众文化的影响

当代中国社会虽然是一个发展中国家,后现代主义生存和发展的基本社会条件也不完备,但大众文化已经伴随经济全球化的浪潮汹涌而来,成为当代中国社会最主要的文化形态之一。因此,作为大众文化重要理论基础和根源的后现代伦理思想势必对当代中国社会产生重要影响,同时也对中国传统伦理观进行了深刻消解。

(一)当代中国大众文化的现代、后现代特征

大众文化是一种商业文化、消费文化,尤其是发展到后现代阶段,在大众传媒的推动下,具备了全球化的特征。虽然世界上大多数地方的人生活在传统、现代和后现代多种因素并存的社会中,很多文化形态之间也经常是相互合成和重叠的,但大众文化作为当今世界最主要的文化形态,已经扩散到世界的每一个角落。当代中国正处于一个非常特殊的时期,不能被看成是后工业社会,甚至不能称之为完全意义上的工业社会,但西方后工业社会的经济、科技、文化以及思想观念、意识形态、流行时尚的强渗透性已经伴随中国改革开放的进程深入中国大众的日常生活,投射到亿万中国人的心灵之中,成为后现代主义在中国滋生成长的温床。20 世纪 90 年代以来,中国的市场化和城市化进程加快,中国逐渐出现了"后现代情境"。高耸的城市建筑、快速的交通方式、便捷的通讯设备彻底改变了人们的生活方式和道德观念,动摇了人们固有的传统价值和理性思维,固有的传统和关系已经不复存在,当代中国呈现出工业化社会的诸多特征。社会的巨大变化必然带来新的文化形式,大众文化登上了中国历史舞台,成为当代中国社会最主要的文化形态之一。

后现代伦理思想消解深度、反中心、反权威、颠覆传统、蔑视经典以及商业化、大众化的特征在中国大众文化中也有突出体现。

第一，大众文化呈现低俗化趋势。伴随现代科技的发展，我们正处于一个从语言文字主导的时代进入视觉文化主导的时代，正如贝尔所言："当代文化正在变成一种视觉文化，而不是印刷文化，这是千真万确的事实。"[①] 感官性是大众文化的重要特征，它以简单、直接的影像符号使人们在廉价的消费中获得情感上的愉悦，它以轻松、日常的故事情节使人们在虚构的场景中实现理想、释放痛苦。人们在大众文化的影像虚构的美好世界中弥合了理想和现实的差距，消解了在现实生活中的失意和不满，在轻松愉悦的消遣中减轻了现实中的压力，对生活重新充满信心和希望。

但人们在大众文化创造的消遣中得到放松和自由的同时，也表现出"游戏人生"的生活态度和对现实生活的调侃。人们获得感官愉悦的同时，逐渐忽视了文化的道德价值和道德内涵。美国学者麦克·卢汉曾说，电子技术扩展的不是我们的眼睛，而是中央神经系统走向视觉化，这意味着人的神经系统也就是人的精神体系不再听命于理性，而是服从于视觉影像，感受和追求以视觉为主导的感官快感成为主流，文艺作品的欣赏过程体现为一次次的感官盛宴。传统文化背景与时代思想资源被搁置，文化秩序的深度感被感官享乐所主导的平面化所颠覆，低俗化成为其表征。文艺作品创作过程中，部分人错把低俗当通俗，比如有些学者认为："小品在检讨国家主义道德、反思现代性代价等方面的深刻社会内涵，在'小沈阳'的小品里，被他响亮的嗓音和怪异的花衣裳，彻底粉碎，并使得此前的

---

① [美] 丹尼尔·贝尔：《资本主义文化矛盾》，赵一凡等译，生活·读书·新知三联书店1989年版，第154页。

小品,成为一种变得过于沉重的形式。从这个意义上说,'小沈阳'的小品不仅仅是媚俗文化,而且是丧失了文化的小品。"① 因此,大众文化的感官娱乐功能消解了传统的人生观和价值观,使人们从"文化缺失"走向了"价值缺失"和"道德缺位"。

第二,大众文化的碎片化趋势。"碎片化"一词最初是用于描述当前中国社会传播语境的一种形象性说法。所谓"碎片化",英文为 Fragmentation,原意为完整的东西破成诸多零块。一般情况下,我们也可将"碎片化"理解为一种"多元化",碎片化在传播本质上是整个社会碎片化或者多元化的体现。因此,"碎片化"还用来表征社会的基本样态。比如,有研究表明,当一个社会的人均收入在 1000 美元至 3000 美元时,这个社会便处在由传统社会向现代社会转型的过渡期,而这个过渡期的一个基本特征就是社会的"碎片化",即:传统的社会关系、市场结构及社会观念的整体性——从精神家园到信用体系,从话语方式到消费模式——全部瓦解,而代之以利益族群和"文化部落"的差异化诉求及社会成分的碎片化分割。"碎片化"在大众文化领域则体现为文化产品的反权威、无主题和零散化趋势。"文化产品不再强调通过完整主题和故事的'中心思想'给人以启迪和价值观教育,而是采用'碎片化'、'平面化'、'娱乐游戏'方式,迎合大众感官口味,消解文化作品深度。在商业利润和迎合大众感官享乐驱动下,后现代大众文化往往'远离'和放弃了社会价值观的引导和教育功能。"②

---

① 周志强:《从"娱乐"到"傻乐"论中国大众文化的去政治化》,载《天津师范大学学报》(社会科学版) 2010 年第 4 期,第 40 页。

② 葛晨虹:《后现代主义思潮对社会价值观的影响》,载《教学与研究》2013 年第 5 期,第 100 页。

在"碎片化"阶段,受众更加注重个性化需求和感受,个体的个性价值得到前所未有的凸显和关注。"碎片化"允许甚至是鼓励个人生活在他们自己构筑的世界中,与他人、社会相隔绝,与那些他们不关心或者不愿意因此而烦心的议题相隔绝。这就导致大众文化呈现出"渠道多,无权威""信息多,无观点""言语多,无行动"的局面。"碎片化"时代,人们的精神需求已经从获取"丰富信息"向获取"更多有效信息"转变。无论是媒体还是受众对"瞬时化"和"碎片化"的追求,都将导致人们很难全面深入体会和研究文化作品的本质。很多人都会产生这样的疑问:文艺作品的"碎片化"趋势,究竟是阅读的盛宴,还是感官的陷阱?尤其是当那些普遍的、共同的价值和意义被"碎片化"消解后,代之而起的往往是价值多元主义、相对主义和虚无主义带来的价值无力感。而社会价值的空场和不确定,则表现为社会生活的价值无序甚至精神危机。

可见,当代中国大众文化是工业化生产技术和商品(市场)经济条件下产生的,它发展于信息环境之中,是一种以大众闲暇为消费条件,以商品化为标志,以满足大众消费欲望和实现商业利益为目的的新兴文化形态。当代中国大众文化反映了当代中国大众的日常生活实践、观念、经验和感受,借助大众传媒进行广泛传播,并且深入到大众的日常生活,成为当代中国大众的一种生活方式。而且,当代中国大众文化因其本身所处的时代和自身特点,具有消解中心和不确定性等后现代特征。当代中国大众文化的后现代特征,虽然有助于防止人们走向绝对化、概念化,但其对商业利益、感官快乐的过度追求和对中国传统价值观的解构,势必会引发当代中国社会出现价值观混乱、普遍道德价值缺失的状况。

（二）中国传统伦理观的消解

后现代伦理思想蕴含于大众文化之中，深刻地改变着人们的生活方式、道德观念和意识形态。虽然中国的后现代大众文化出现较晚，而且发展得也很不完善，但西方大众文化所蕴含的后现代伦理思想已经被导入中国大众文化之中，并且在很大程度上消解、破坏了中国传统的伦理观和人文精神，成为人们精神上回不去的乡愁。具体来说，后现代伦理思想对中国传统伦理观的消解体现在以下几个方面：

第一，大众文化的后现代伦理观一定程度上改变了传统的生活方式和人际关系。中国传统的生活方式和人际关系是中国传统伦理观产生的基础。而现代都市在大众文化的影响下，日益呈现出异质性的趋势。现代中国都市人口密集、构成复杂，由于大家来自不同的地域，有着不同的社会背景，而且流动又异常频繁，因而人与人之间就处在彼此陌生的状态，人与人的交往也不可能像在乡村的血缘关系、邻里交往状况下那样频繁和深入。都市人际关系的淡漠和疏远必然导致建立在传统血缘、地缘关系基础上的中国传统伦理观不断丧失其约束力。

在当代中国社会的背景下，大众文化展现给人的是一个更为民主和"花花公子"式的文化景观。在这个景观中，人们可以享受到更多的文化商品，可以选择不同的休闲生活方式，可以追求和体验社会文化生活的新风格。人们不断超越主体发展观念，追求强烈的狂欢和体验的生存方式，表现的是一种非秩序、反文化的状态。尤其是人们不断增强的自我意识，在一定程度上使颠覆成为当今中国最时尚的语言。所谓的"颠覆"人生理想、"颠覆"生活方式、"颠覆"爱情、"颠覆"家庭、"颠覆"男权等,成为人们一种新的生活审美取向。中国传统伦理观所崇尚"仁、义、礼、智、信""温、良、恭、俭、让"等一系列传统伦理观在一定程度上被改变了。人们甚至希望通过这些方式达到亵渎神圣、打倒权威、唾弃传统的目的,希望挣脱责任心、道德感、圣洁感、人生、理想、事业、爱情的枷锁,从而成为具有完全"自我意识"的个体。

比如,现代电影、电视和媒体广告中,豪放女成为大众的宠儿,改变了中国传统的典雅含蓄的女性美的现象。如《我的野蛮女友》以及《我的老婆是大佬》,处处张扬着女性主义气息。爱情不再是《梁祝》和《孔雀东南飞》式的至死不渝。在当代中国的文学创作中,尤其是网络文学的兴起,人们更多提倡的是改变传统和创造激情,文学不再负有"载道""言志"的责任,而是要贬抑道德教化、理性的认识功能,表现感性,张扬个性,进而放弃经典化和规范化的话语系统。因此,社会责任、羞耻、荣誉、高尚等中国传统伦理观在大众文化"热热闹闹"的改变下不断消解。

第二,大众文化颠覆了中国传统价值观。价值观是中国传统伦理观中重要的组成部分,什么样的人生是有价值的、人生的意义何在、人生的终极目标是什么以及人应该如何生活都取决于人们的价值观。价值观是中国传统伦理观的核心。而对传统价值观的颠覆是后现代大众文化在价值取向方面的一个重要表现。当代中国大众文化在后现代伦理思想的指导下,攻击一切传统的人道主义价值观,认为中国传统的价值观是违反人性、压制人性的。大众文化观认为,中国传统伦理观提倡的终极价值太过遥远和抽象,如儒家的"仁"和道家的"道"都是那么的遥不可及。人们应该更多关注当下的关怀和满足,关心文化的实用价值。大众文化通过过度追逐"兑现价值"而实现了对文化终极价值的颠覆。

事实上,大众文化对中国传统价值观的颠覆更多地表现为反叛、无道德标准、享乐主义等各种冲动的扩张。如,传统文学艺术强调创作主体的社会责任,作品的道德关怀和价值观角度的倾向性。当代中国大众文化提倡的却是"零度写作",提出所谓的"零度情感",排除作者的主观情感和价值观倾向,不动声色的正面展示丑恶。但我们知道,文化作品来源于生活,是生活的模仿和升华。因此,消费者在消费文化产品打发时间的同时,也在进行着一种有意或无意的情感宣泄,他们总会自觉地将自己的情感寄托在虚伪的对象身上,自觉或不自觉地模仿那些人物。而在这些消费者中,有一部分是正在形成善恶价值观的少年儿童,而许多有分辨能力的消费者又没有耐心去分辨是非善恶,那么这种所谓的"零度情感"作品使消费者失去了判断是非善恶的依据,在这种情况下细致的展示善恶,必将使大众步入歧途。

总之,中国传统的伦理观在当代中国城市化进程和大众文化发展的过程中被不断消解,人们生活方式和人际关系的冷漠使中国传统伦理观日益失去了存在的基础,丧失了原有的道德约束力。尤其是大众文化对传统价值观的解构,使得中国传统伦理观所追求的道德关怀以及传统的善恶是非标准被逐渐淡化。因此,在当代中国大众文化轰轰烈烈的文化景观中,中国传统伦理观逐渐失去其自身存在的基础和自身魅力,而不断被消解。

(三) 社会核心价值观遭遇挑战

核心价值观是社会文化软实力的灵魂,是社会文化软实力建设的重点。它渗透于一切社会意识形态和文化样态之中,持久发挥着主导、支配和引领的作用。因此,核心价值观是决定文化性质和发展方向的最根本要素。文化作品为谁服务,传达什么样的价值观,以及文化活动在社会中的价值定位决定了文化作品是否具有生命力。后现代伦理思潮的蔓延一定程度上造成了大众文化在价值观上的混乱。

后现代伦理思想对当代中国大众文化的影响,突出表现为大众文化作品思想内容匮乏、审美意蕴缺失、精气神消解等倾向。过度娱乐化、平面化、快餐化成为这一时期大众文化的最显著特征。其中一个明显的事实就是"对经典文本的戏谑式解读,以满足那些不愿意劳神费力读原著,而又想求得一知半解以做谈资而标榜文化品位的人的需要"[①]。一段时期内,以"戏说""大话"为主题的影视文化作品充斥各大荧屏,这种平面化的改编和演绎,使名著的经典性和永恒性在"无厘头"的搞笑中被消解。历史上的英雄人物,经由所谓的"本真还原",使其失去其作为历史英雄人物的高贵品质;历史中的反面人物,经由很多人的改写,竟成了具有"真性情"的"英雄人物"。比如,一些先锋作家,通过调侃的方式将一切进步的、崇高的或有意义的东西重新解读。这些作家既"调侃生活中的虚伪和投机,也调侃生活中的严肃与残酷;既调侃人生的无意义,也调侃人生的有价值;既调侃悠闲自得的看客,也调侃一切忙忙碌碌的实干家;既调侃别人,也调侃自身;既不肯定什么,也不否定什么;不管是欢乐还是痛苦,不管是理想还是崇高,一概化为笑料。文学除了语言技巧之外,仿佛什么也不是了,名之为'玩文学'、'玩艺

---

① 陈立思:《社会思潮与青年教育》,北京大学出版社2011年版,第252页。

术'、'玩电影'、'玩深沉'。"① 而一些所谓的"新新人类"的行为更是集中体现了当代中国大众文化的后现代特征。解构、媚俗、自由和快乐是这些"新新人类"行为的目的和出发点。在他们看来，一切都可以成为解构的对象，无论是时空关系、人神关系、师徒关系还是生死关系。

近期，以"调侃榜样，鄙视英雄，诋毁高尚，解构高尚"为特征的不良趋向有愈演愈烈之势。个别媒体和个人，以"挖掘"伟人的隐私、缺点和错误为乐，用一些低俗的语言、低劣的手法试图摧毁人们心目中的英雄，以达到丑化和抹黑中国共产党和共产主义事业的目的。比如，"一些人从故纸堆中找出了雷锋的皮鞋、雷锋的手表、雷锋的情书，等等，以试图抹黑雷锋。他们无非是想告诉人们，在那艰苦奋斗的年代里，对雷锋厉行节约、穿补丁衣服和补袜子的宣传是不真实的，不符合实际情况的，雷锋是党和政府造假包装出来的，企图诋毁政府和党，同时损毁雷锋的光辉形象"。还比如，有人质疑"英雄少年"赖宁的事迹，认为赖宁本来是一个近视眼，当时森林发生大火，赖宁的眼镜掉了导致迷路而被烧死在森林中；有人多次在不同场合称董存瑞托起炸药包之英雄壮举完全是事后根据一些蛛丝马迹推测出来的，而非事实。更有人调侃"董存瑞所拿的炸药包有一面是涂着胶水的，董存瑞举起炸药包要将其粘在碉堡上时，不小心弄错了，手掌粘在了炸药包上，结果导致被炸死"。这些人恶搞、抹黑人们心目中的英雄，让一切严肃的话题变得充满戏谑和无厘头。

社会上某些人对"英雄人物"的解构和戏谑，其目的是要抹

---

① 刘登阁：《全球文化风暴》，中国社会科学出版社2000年版，第102页。

黑中国。这股"抹黑"中国、谩骂政府的风潮也在自媒体的助推下成了某些人的时尚。微博上所谓的"导师""公知""大V"们，经常通过渲染、夸大，甚至通过造谣的方式制造负面新闻，让很多不明真相的受众跟随其一起诋毁社会、抹黑政府。虽然自媒体作为一种"自组织"，有着"自我净化"的功能，但通过自媒体传出的谣言的危害却不容小觑。可见，当代中国大众文化是激情与颓废、浪漫和怀旧、理想与商业世俗的混杂体。人们在这样的大众文化包围下，"就是静不下心来，对周围发生的事情和自身所处的位置缺乏透骨的敏锐，看什么都是'像云像雾又像风'，一抬脚就不由得'跟着感觉走'，一思索便觉得'你别无选择'，于是乎只有随着大流跑，盯住时髦追，这山望见那山高，打一枪换一个地方，整日里坐卧不安，焦虑不安，恨不得'过把瘾就死'"①！

综上所述，大众文化与后现代伦理思潮之间有着密切的关系，后现代伦理思潮为大众文化的发展提供了理论支撑，而大众文化将后现代伦理思想贯彻始终并通过便捷的大众传媒工具将后现代伦理思潮推广到大众生活的方方面面，深刻影响着大众的日常生活。当代中国作为世界经济文化的重要组成部分，中国的大众文化也得到了迅速的发展，并且体现出鲜明的后现代特征。中国大众文化的兴起和发展，丰富了大众的文化生活，提高了大众的文化自主性和文化自觉性，同时也为当代中国大众的道德教育提供了多样的途径和方式。然而，中国传统的伦理观在大众文化的冲击下却不断走向消解。因此，正确看待中国大众文化与后现代伦理思潮之间的关系，

---

① 解思忠：《盛世危言——民风求疵录》，中国档案出版社1994年版，第178页。

推动中国大众文化的合理性发展是当代中国大众文化建设中的重要问题。

三、大众文化对当代中国社会道德建设的影响

当代中国已经进入一个大众文化的时代,大众文化已经成为当代中国文化形态中最重要的组成部分之一。大众文化是一种消遣休闲性文化,它通过文化工业的批量生产和复制,舒缓大众精神生活的同时,也真正实现了文化共享。因此,大众文化能够有效地吸引大众,充分调动了大众的参与热情,从而有利于社会文化以及社会普遍伦理规范和价值观的普及。但是,大众文化的商业性本质也使感官刺激和快乐主义成为大众文化的主要原则之一。在这一原则指导下,大众文化被平面性、娱乐消费性、无深度性的内容以及道德虚无主义所充斥,成了一种快餐性文化。

大众文化作为一种文化形态,承担着文化所应有的道德载体和道德教化的功能,在道德建设中发挥着重要的作用。但是,大众文化本质上是一种商业性消费文化,它对经济利益的过分追求也必然会导致大众文化成为反传统、反权威、反普遍道德价值和反永恒价值不可忽视的力量。因此,正确认识和分析大众文化对当代中国社会道德建设的积极功能和消极影响,将有助于我们充分认识大众文化的道德功能,发挥大众文化在道德建设过程中的积极作用,进而规避大众文化的消极影响。

(一) 大众文化的道德功能

道德功能是指道德作为一个系统而基于其内部结构对社会生活具有功效和作用。道德是一种理性智慧,是人类认识世界和把握世

界的一种特殊方式,对大众的社会生活有着多种功能和重要的作用。道德功能从总体上看,分为认识功能和调节功能。其中,道德的认识功能是指通过善恶等道德观念能动地反映和认识社会现实,使人们清楚的认识道德必然性以及利益关系,从而更好地了解个人在社会中的地位和应承担的社会责任。道德的调节功能是指道德通过道德评价体系对大众的社会行为进行评判、约束、指导、惩罚或激励,从而更好地规范和引导人们的行为。道德的反映功能和调节功能相互联系,互相依赖,共同构成了道德功能的主要组成部分。

道德功能是任何社会道德所共同具有的属性,它渗透于政治、经济、法律、文艺、宗教等各种其他社会各要素之中,并成为这些要素社会功能的重要组成部分。而大众文化作为一种文化形态,具备一定的道德功能和道德内涵,承载着一定的道德责任,体现着一定社会的道德追求。而且,任何一种文化形态都会对大众的社会生活和精神生活产生重要影响。因此,"文化的功能,从根本上说是对作为社会活动主体的人的不断塑造,提高他们的素质,完善他们的能力,使他们成为一代新人"①。可见,道德功能是大众文化重要的社会功能之一,其实质是对人的改造和提升。

不可否认,大众文化的主要功能是休闲娱乐功能,其目的是为了满足人民大众的精神需要,舒缓大众的压力。但是,任何一种文化形态,其存在的价值不仅仅在于单纯的展现人类发展过程中的生存状况,反映大众的日常生活,还在于它始终引导着人们的价值选择,提升和改造着人的精神。即便是大众文化所标榜的"纯娱乐性"文化,其实际上也是在向广大受众灌输一定的道德倾向和人生态度,

---

① 陈筠泉、刘奔:《哲学与文化》,中国社会科学出版社1996年版,第170页。

渗透着某种道德情感。某些大众文化作品在利益的驱使下，抛弃了自身的社会责任，放弃了大众文化的道德教化和引领的功能。

大众文化作品对肉欲、流行时尚、奢侈消费以及个人恩怨的描绘，其实质是向大众不断灌输享乐主义、消费主义和极端个人主义等错误的伦理思想。比如，关锦鹏导演拍摄的电影《长恨歌》，就是通过男女主角的感情纠葛、缺席的道德观和奢靡的生活给观众描绘的是旧上海的浮华和堕落。电视剧《纸醉金迷》甚至会使人错误地认为女主角由于个人的贪欲而成为交际花的行为及其混乱的道德观是值得同情的。歌曲《他一定很爱你》《当你孤单你会想起谁》以及《花田错》等传达给人的是对忠贞爱情的迷茫和混乱的情感需要，就像阿杜唱到的"给我离开的勇气，他一定很爱你，也把我比下去，分手也只用了一分钟而已"。不可否认，大众的文化需要是多方面、多层次的，人们既需要诸如精英文化、经典文化的"阳春白雪"，也需要大众文化之类的"下里巴人"。但是，由于各种社会历史原因，我国大众的审美意识和道德自律能力还处于较低的层次和平庸的状态。在这种情况下，大众文化就需要既满足大众的休闲娱乐要求，也要提高大众文化作品的格调和品味，充分发挥大众文化的道德引领和教化的功能。

当然，充分发挥大众文化的道德功能并不是要把大众文化变成僵硬的道德说教，而是要在保持其休闲性和娱乐性的同时，采用大众更易于接受、喜闻乐见的形式，展示正确的人生态度和向善的道德精神，发挥大众文化的道德调节功能，也就是我们所说的"寓教于乐"，也就是要用老百姓听得懂的语言讲述中国故事。这就要求我们必须给大众文化注入更多的道德内涵，从而提升其人文价值，使其承担起培育大众健康的审美情趣和道德理性的"教化"义务，即承担起对人的改造和提升的责任。与此同时,大众文化工作者也要具有正确的是非善恶观念和很强的社会责任感。只有这样,大众文化工作者才能对大众文化内容的良莠做出正确的判断和区分。

事实上,大众有着深厚的传统伦理文化底蕴,即便是在享乐主义、物质主义、消费主义等消极伦理观的影响下,我国大众仍然坚守着很多优秀的道德规范,比如勤俭节约、诚实守信、爱岗敬业、无私奉献等。这些优秀的道德品质反映在文化层面就是对充满着低俗和愚昧的文化作品的反感和拒斥,这是因为"我们的市场经济仍然保持着对社会主义价值信念的承诺;我们悠久而丰厚的道德文化传统和国民美德并没有也不大可能在一阵欧风美雨的冲刷下顷刻间烟消云散,更何况一些最基本的美德如同情、关切和仁爱,原本就是人类世界得以存在和维系的根本道德资源。或许,因为某一种道德高峰时刻的突显,会让人们惊异于平常道德的不足。可是,道德作为一种社会文化精神的基本维度,原本就存在于我们的日常生活与平凡行为之中,它是一种社会的无形资本,一种文化潜能,一种无须夸张也不能轻视的社会生活维度。没有平常道德的'资本积累',就不可能有特殊时刻社会伦理资源的'高额投入'和道德能量的丰厚'产出',这也是一个基本的社会文明发展的规律"[①]。

(二)大众文化在中国道德建设中的积极作用

当代中国的大众文化是我国市场经济体制改革和改革开放的产物,是我国科学技术迅速发展和综合国力增强的文化表征。从这个意义上讲,大众文化也就成为中国经济发展、社会进步的重要标志

---

① 万俊人:《思想前沿与文化后方》,东方出版社2002年版,第127页。

和大众思想解放、主体性增强及文化生活日趋丰富的重要标志之一。大众文化的繁荣，彻底改变了中国社会文化的封闭状态和单一格局，从一定程度上真正实现了文化的大众化和共享化。大众文化的产生，加强了文化与日常生活之间的交流，扩大了文化的受众范围，丰富了文化的传播方式，促进了中国文化市场的繁荣和文化产业的发展。可见，大众文化的产生和发展适应了我国现阶段社会的实际情况和时代发展的需要，对于促进当代中国物质文明、政治文明和道德文明的和谐发展发挥着重要作用。

首先，大众文化推动了文化的多元化发展进程，为当代中国道德宣传和道德教育提供了多样化的途径。大众文化的传入和发展，解构了中国长期以来的单一文化发展模式，影响和改变了原有的文化秩序，使中国社会呈现出主流文化、精英文化和大众文化共存共生的文化态势。主流文化集中体现的是国家意识形态，引领和规范着社会文化系统的发展方向；精英文化历来是由社会精英层次创造，并主要在精英群体中传播和分享，蕴含着社会的文化理想和人文精神，承担着道德教化的功能，但在其传播和影响大众方面比较有限；大众文化是当代中国社会传播范围最广、影响范围最大的文化形式。大众文化具有通俗性、娱乐性、趣味性等特征，对大众有着强烈的吸引力。大众文化这种与生俱来的特性使它常借助于大众喜闻乐见的形式出现。尤其是轻松浅显的内容和平民化的面孔不但能够缓解日益紧张的社会生活给大众带来的各种压力，舒展人们的生命张力，也能使大众对大众文化的亲切感倍增而乐于接受。

大众文化始终将肯定人的感官愉悦和瞬时感受作为其存在和发展的重要主旨，这对于在过去的很长一段时间内始终生活在高度政治化和文化统一化的中国大众来说，无疑是一种非常具有诱惑力的思想放松。大众文化突破了主流文化和精英文化某些古板的道德说教模式，通过电影、电视、网络、杂志等多种传播途径将其所内涵的文化知识、伦理道德规范和价值观念以轻松愉快的形式传达给观众。事实上，社会大众对于这些道德观念和伦理规范的接受完全是在一种不自觉地情感体验中实现的，这也使得大众文化所内含的道德因素不断地渗透到社会大众的观念中，进而指导大众的行为选择和道德实践。大众文化的形式和功能给我们提供了很好的道德教育和价值观渗透的模式。对于我们今天的社会主义思想道德建设和社会主义核心价值观教育来说，以往的主流文化和精英文化必须突破原有单一的道德宣传和道德说教方式，充分利用现代化的大众传媒手段，积极借鉴大众文化轻松愉快的表现形式和贴近民众的文化态度，不断拉近道德教育和社会大众的距离，使大众潜移默化地接受道德教育与社会核心价值理念，不断的提高社会大众整体的思想文化素质和道德水平。

《闯关东》描绘了中国大众迫于生计而从华北地区闯荡东北大地谋求生存的历史画卷。这部大众文化作品运用小人物的普通生活向观众展现了中华民族永不屈服的民族精神，对振奋民族精神起到了积极的促进作用。与《闯关东》一样，《士兵突击》也是一部励志片。它细腻而真实地展现了和平时期一群共和国士兵的成长历程，体现了当代中国军人尤其是当代中国士兵的刚毅、果敢、智慧和无私奉献的优秀品质。这部影片不再将英雄塑造为不食人间烟火和只谈奉献不谈索取的神，而是将高高在上的英雄拉回人间，成为我们身边的人，成为大众能够接受且愿意学习的道德榜样。

其次，大众文化确立了大众的文化主体地位，激发了大众的文化参与热情。大众文化突破了主流文化的单一性和精英文化的沉重性，开拓出了一个广泛的大众文化受众群体。大众文化反映的是人民大众的日常生活，满足的是广大人民群众生存、享受和发展的需要。在大众文化中，文化受众不再仅仅是被动的接受者，而是成为文化的直接创造者和积极参与者。互联网的产生和广泛运用，微博、微信等自媒体的发展，更是进一步推动了社会大众参与文化创造的热情。

我们现在熟知的很多作家和歌手都是最先通过网络被大家认识和喜爱的。以近期热播的电视剧《欢乐颂》为例，这部电视剧改编自网络同名小说，最早在晋江和小说作者的博客上连载。改编成电视剧后，获得很高收视率的同时，其纸本销量也随之大增。同时，生活节奏的加快，促使大众也越来越青睐于"小女人散文"和"心灵鸡汤"式的文学作品。人们在作者率真的描述中，在对时尚化语言的赏析中，获得休闲和放松。而对于近几年兴起的网络文学，人们更是把它当作一种休闲娱乐的好方式。网络流行歌曲是在2004年出现的歌坛新生力量，虽然多数音乐人认为有些网络音乐是低劣之作，但受到了众多听众尤其是网民的追捧和喜爱。《老鼠爱大米》《两只蝴蝶》《当你孤单你会想起谁》《小苹果》等类似的网络歌曲在大街小巷流传开来。

博客、微博、微信、简书等自媒体的出现和广泛运用，使大众进一步成为大众文化的参与者和制作者。任何人都可以在网络上开博客，表达自己的观点和对某事件的看法。任何人都可以在网上浏览他人的微信，并在朋友圈上通过留言与他人进行思想交流。如很多文化学者所说的那样，大众文化解构了文化霸权，真正实现了文化的平等。因此，大众文化是社会民主在文化上的实现，是人类获得精神自由和全面发展关键的一步。

在这种文化形态的影响下,大众获得了充分的民主自由权利,大众的主体性得到了空前的提高。大众对于大众文化的主动参与,迫使主流文化和精英文化逐渐向大众回归。这就要求主流文化和精英文化要实现自身的价值,发挥自身的道德教化和道德风尚引领功能,就必须贴近大众的现实生活,满足大众的文化需要。在大众文化的促动下,大众的文化参与热情不断被激起,这就为主流文化和精英文化实现其道德提升的社会价值找到了基本的切入点和提供了多样的方式借鉴。

另外,大众参与热情的高涨,文化载体的多样化,在一定程度上吸引了更多的有识之士愿意参与到主流文化、精英文化和大众文化的创作当中来,提升了文化工作者本身的道德素质和社会责任感。文化工作者本身道德素质的提高和道德责任感的增强,势必有助于提高文化产品的道德内涵和伦理价值,进而形成积极健康的社会主义文化局面。在这样的社会背景下,媚俗的、低劣的大众文化作品将遭到社会的唾弃和排斥,在无形中提高了大众文化作品的道德含量和伦理价值。主流文化、精英文化和大众文化的良性互动,必然提升大众文化的道德深度,提高大众的道德素质,进而推动当代中国社会的道德建设进程。

(三)大众文化对中国道德建设的消极影响

当代中国大众文化来源于西方,又与当代中国实际相结合,因此具有鲜明的中国特色。这就决定了当代中国大众文化的实质在于它是对中国特色社会主义实践的反映,是对当代中国大众日常生活、情感体验的文化表达。但是,大众文化在中国产生和发展的过程中,一方面受到西方大众文化所内含的消极伦理观的渗透和诱导,另一方面又因其本身所具有的商业性、娱乐性和消费性等特征,对当代中国的道德建设也产生了诸多消极影响。

当代中国大众文化产生于中国历史传统和文化现状的土壤中,但其真正产生、形成和发展的重要推动力则来源于西方大众文化的渗透和诱导。正因如此,大众文化在一定程度上成为西方观念尤其是消极伦理观向我国社会生活渗透的载体。来自西方的大众文化包含着当代西方社会的意识形态、价值观念、道德准则、人生态度等文化信息,通过大众文化的各种形态,不断灌输给当代中国大众。

此外,我国大众文化产品无论从题材、内容,还是表现手法、艺术风格都非常西化。尤其是当今社会的一些影视剧作品,其故事题材虽然来源于中国现实生活,但其表现和宣扬的却是西方的道德观念。如一些武打片和战争片,突出体现的就是西方的英雄主义和极端个人主义伦理思想;而一些家庭生活题材的影视剧,突出描绘的则是人物之间的感情纠葛和复杂的感情生活体验。如对婚外情、一夜情、三角甚至多角恋的细致展现,无形之中向大众灌输了极端自由主义、享乐主义以及道德虚无主义等消极伦理观。另外一些大众文化作品则侧重于对奢侈生活、明星隐私和赌博活动的宣扬,直接导致了社会大众尤其是青少年的消费主义和享乐主义的消极道德观倾向。

尤其是自从"超女"以后,中国内地开展了如火如荼的明星选秀、真人秀等活动,更是吸引了无数的眼球。有人戏称中国大众分为两部分,即:看选秀和不看选秀的。选秀活动虽然给大众展现自我提供了一定的空间,但也给社会的价值引导带来了一定的危害。有些青少年被成名后的奢侈生活所吸引,不惜放弃学业,甚至认同娱乐圈内的灰色规则,给当代中国青少年的身心健康和社会道德教育带来了一定的负面影响。由此可见,西方大众文化所内含的思想信息已经积淀为中国大众文化深层结构的重要组成部分,它必将体现在中国大众文化的创作方向、运行机制、文化产品内容等诸多方面,从而深刻影响中国大众的日常生活和价值观念。而大众文化裹挟下的消极道德观念和价值观念,也势必对中国的道德体系造成巨大冲击,从而给中国的道德建设带来诸多负面影响。

商业性和娱乐性是当代中国大众文化的重要特征。大众文化的商业本性意味着它在生产、流通以及消费的各个环节上都要受到利润的控制和影响。在一定程度上导致了大众文化作品呈现出品质弱化、审美价值丧失、道德水平降低和价值观变异等表征。其中,大众文化的媚俗性特征就是大众文化对商业利润依存的最突出体现。大众文化为了迎合部分受众的猎奇心理甚至是低级趣味,不惜以华美的文化表象来取代朴实的内容,以至于使暴力、色情、权力争斗以及很多美女作家的"闺中秘密"成为文化市场的主角。

比如,备受媒体和商家关注的青春文学,很多就是凭借讲叙青春成长过程中的闺中密友、单恋之苦、三角恋情等闺中情愫来吸引大众的关注。这些充满着感伤、迷茫和忧郁气息的小资爱情故事,展现的是一种感情的轻巧和泛滥,给大众尤其是青少年读者正确人生观的确立造成了不利的影响。在大众文化商业性特征的影响下,很多大众文化作品既没有对传统伦理文化精髓的深刻体悟,也没有对现代伦理精神进行真正的弘扬。这也就使得消解主题、削平人性深度、消解道德良知和反对社会责任成为很多大众文化作品的共性。正因如此,有些学者将大众文化看成是人类文明和伦理规范体系的式微,是资本对文化、价值和道德观念提出的严重挑战。

娱乐性特征是大众文化发展过程中最易被过度张扬的表征之一。现代社会，相对于精神追求和价值理想，人们更加关注自身欲望的满足，这就使得人们更加崇尚消费、信奉实用、渴望金钱。大众文化为了满足现代大众的娱乐性需求，不断地降低文化作品的艺术品位，削弱大众文化作品的道德教化功能，甚至明确宣布要"躲避崇高、消解意义"，打破任何压抑人的感官享受和欲望满足的道德禁区。大众文化对娱乐性的过度追求也使很多原本具有很高艺术程度的文化产品开始采用煽情、媚俗、广告爆炒等运行模式。

例如，现在社会流行的电影首映礼、歌迷见面会和新书签售会就成为很多大众文化作品商业运行过程中的重要环节。贴满街头、商场、公交车上的各式商业广告在气势上很有将媚俗进行到底的架势。女性充满诱惑的嘴唇，性感的长腿，男女主人公若隐若现的裸露，以及看了就让人心跳的广告语，进一步消解了文化的严肃性和神圣性。还比如，现代影视作品中盛行的"无厘头""大话""恶搞"和"戏说"等方式，将大众文化的娱乐特征逐渐推向极致。大众文化作品创作中的过度娱乐化追求，势必削弱文化所蕴含的道德内涵。可见，大众文化的娱乐性特征严重冲击了大众文化所应承载的道德意义、道德价值和道德责任，威胁到了社会主义主流文化和精英文化的健康发展，影响了社会主义道德建设健康有序的进行。

总之，西方消极价值观和道德观的影响，加之大众文化本身的商业性、娱乐性特征共同构成了大众文化对当代中国道德建设消极影响的内在根源。这就要求我们在进行社会主义道德建设和道德治理的过程中，要对当代中国大众文化的消极影响进行辩证地认识和分析，对大众文化进行正确的价值引导，同时将大众文化的消极影响降到最小。

第六章　核心价值观引领下的当代中国大众文化

作为一个开放的、以市场经济为主导的当代中国，科学技术的迅速发展以及大众自我主体意识的觉醒，为中国大众文化的产生和发展提供了适宜的温床。核心价值观是一个民族赖以维系的精神纽带，是一个国家共同的思想道德基础。社会主义核心价值观是中国特色社会主义价值观念，代表了当代中国先进文化的发展方向。以社会主义核心价值观为引领，从伦理学的角度对当代中国大众文化进行建构，有助于我们充分发挥大众文化在中国道德建设中的积极作用，规避其消极影响。同时，正确认识大众文化所蕴含的道德价值，加强道德理性在文化建设中的指导作用，也是这个时代和谐伦理文化建设的重要任务。

一、当代中国大众文化的伦理取向与价值引领

当代中国大众文化是一种在现代文明背景下成长起来的文化形态，它凭借娱乐性、流行性和大众参与性等特征，迅速渗透到中国老百姓的日常生活中，成为当代中国大众普遍接受的文化形式。大众文化作为一种文化形态，具备着一定的道德内涵，承担着一定的道德责任。因此，从伦理学的角度对当代中国大众文化进行

伦理建构，给大众文化注入道德理性，使其承担起提升大众道德素质和引导大众道德行为的义务，是当代中国和谐伦理文化建设的重要议题。

（一）当代中国大众文化建构的伦理取向

大众文化是当代中国普通民众获取道德观念和伦理资源的重要方式，是对现代人生存观念和交流模式的最新阐释，它深刻地影响着中国社会大众的心理和言行。因此，当代中国大众文化作为当代中国影响范围最广的文化形态，在一定程度上反映着我国精神文化的总体水平和发展态势。这要求我们在大众文化建设过程中既要坚持经济效益服从社会效益的社会要求，也要坚持积极健康的伦理取向和道德原则，批判"一切向钱看"的错误观点，坚决抵制拜金主义、享乐主义以及消费主义等错误的价值观念。

第一，要坚持科学理论的指导。构建有中国特色的大众文化，必须坚持科学理论和先进文化的指导，保证大众文化的正确发展方向，这是当代中国大众文化建构的基础和根本。马克思主义的文化本质理论和文化生产方式理论、毛泽东的文化大众化理论、邓小平的社会主义精神文明建设理论以及习近平中国特色社会主义文化建设思想等科学理论，共同构成了我国当代大众文化建设的基本指导思想体系。其中，马克思主义的文化本质理论要求我们必须把当代中国大众文化和我国的社会主义建设实践相结合，立足中国实际，对当代中国大众文化进行科学辩证地分析。文化生产方式理论将文化理解为由作品意义的生产、文化成果的流通和受众享用的过程。文化的发展是由文化生产者、消费者、文化产品以及文化生产过程本身等文化各要素相互联系、相互矛盾所实现的。这决定了构建具有中国特色的大众文化必须将大众文化看作一个整体，从而重视大众文化的各个环节和各种因素。

毛泽东的文化大众化理论、邓小平的社会主义精神文明建设理论以及习近平中国特色社会主义文化建设思想是马克思文化本质理论和文化生产方式理论与中国社会实践相结合的产物，因而具有非常强的时代意义和实践价值。当代中国大众文化是中国社会主义文化体系中的重要一员，深刻影响着广大人民群众的精神结构和民族的整体素质。对当代中国大众文化进行科学建构，必须要贯彻和坚持科学理论的指导。只有这样，我们才能将社会主义价值观和道德内涵贯穿于大众文化构建的各个环节，保证社会主义核心价值观和道德观成为当代中国大众文化的主旋律。

第二，确立道德理性的核心地位。大众文化的娱乐性特征决定了其本身无论在题材内容还是在表现手法上，都必然带有世俗化和平面化的倾向。大众文化的商业本质又促使消费大众的需求和商业利润成为其追求的目标。这就使获利多少在一定程度上成为大众文化的取舍标准，甚至真善美被假恶丑所代替，健康进步被反动腐朽所代替，高尚优雅被色情、粗俗所代替。大众文化走进了"感官无心灵，纵欲无肝肠"的歧途而迷失了方向，成为社会道德的销蚀剂而不自觉。

例如，有的"美女作家""先锋作家"，她们的作品就是典型的反道德、反伦理的大众文化产品。在这些先锋作家看来，她们是用身体写作，认为人的肉体欲望应该得到无限的张扬，至死不渝的真挚情感和真实的家庭生活不复存在，尊严、廉耻、价值和一切道德规范都成了束缚个性的枷锁。还有一些演艺明星在商业利益的诱惑下，与这些所谓的先锋作家一样，完全抛弃了文化工作者的社会责任和道德承担，背弃了文学的伦理道德内涵和价值导向功能。这就决定了我们应当将道德理性注入大众文化当中去，在道德理性的指导下寻找大众文化产品商业利益和社会利益的最佳契合点。习近平总书记强调："一部好的作品，应该是把社会效益放在首位，同时也应该是社会效益和经济效益相统一的作品。文艺不能当市场的奴隶，不要沾满了铜臭气。优秀的文艺作品，最好是既能在思想上、艺术上取得成功，又能在市场上受到欢迎。"① 进而使当代中国大众文化既能够满足文化大众不同层次的需求，又能规避由于大众文化对道德理性的背弃而带来的消极影响。

对真善美的追求是文化的永恒价值。道德理性作为指导社会实践的一种应然智慧，规定着整个社会的发展方向和价值目标。将道德理性注入当代中国大众文化建设中来，将有助于规范大众文化工作者的价值取向和大众文化产品的道德倾向。事实证明，那些放弃道德理性的指导和背弃社会普遍道德准则的大众文化产品，由于其缺乏理性思考和道德底蕴，即便能在一时取得"哗众取宠"的效果，最终也会被社会发展和时代进步的洪流所淹没。传世精品的实质就在于其思想精深、艺术精湛、制作精良。

第三，坚持诚信的伦理价值取向。诚信原则是中华民族的传统美德，也是我国社会主义社会所倡导的基本道德原则。我们在进行大众文化伦理建构的过程中，诚信原则必然成为一项重要的伦理价值取向。当代中国的大众文化是市场经济的产物，其运行过程必须要遵循市场的运作规则，经济效益也就成了它所追求的重要目标。这就导致了大众文化在运行过程中，由于过分的追求商业利润，而

---

① 《习近平在文艺工作座谈会上的讲话》（2014 年 10 月 15 日），载《人民日报》2015 年 10 月 15 日。

出现了一系列由于诚信缺失而引发的道德失范现象。

这类道德失范现象较多的出现于广告文化作品中。近些年来，社会中不断出现的虚假广告就是诚信缺失所引起的。尤其是一些药品、食品或医疗机构的虚假广告，给社会大众的财产，甚至是生命造成了巨大的危害。比如，由某明星代言的"北京新兴医院"，竟然是一家没有得到任何部门的批准而擅自行医。但有关"新兴医院"的各类广告却在很长一段时间围绕在大众身边。还比如引发中国奶粉行业巨大震荡的三聚氰胺事件，就有多个品牌的广告涉及商业诚信问题。

此外，对诚信原则的坚持也有助于增强大众文化工作者的社会责任感。诚信原则是个体社会价值得以实现的前提，没有对诚信原则的坚守，就没有对社会责任的承担。诚信原则在当代中国大众文化建设中发挥着积极的引导和约束作用，这就要求我们在进行当代中国大众文化伦理的构建中，始终要坚持诚信原则。

总之，构建当代中国大众文化体系所应坚持的伦理价值取向，既包括社会文化发展的科学理论，也包括道德理性所蕴含的正义、良心、善和诚信的道德原则。因此，在对当代中国大众文化进行伦理构建的过程中，始终要坚持正确的伦理取向，其最终目的就是用科学的理论武装人，以正确的舆论引导人，以高尚的精神塑造人，以优秀的作品鼓舞人。

（二）社会主义核心价值观的科学引领

每一社会的每一阶段都存在着多种多样的价值观念和价值取向，而要把全社会意志和力量凝聚和整合起来，就必须有一套与经济基础和政治制度相适应并能形成广泛社会共识的核心价值观。一个社会的核心价值观在文化系统中发挥中轴作用，是决定文化性质、目的和方向的最深层次要素。换言之，核心价值观决定了社会文化依靠谁、为了谁。文化为什么人的问题，是社会文化建设和发展的根本性和原则性问题。我国大众文化发展过程中存在的有数量缺质量、有"高原"缺"高峰"、抄袭模仿、机械化生产、快餐式消费等现象，究其根本原因，就在于我国部分文化作品没有坚持以社会主义核心价值观为引领，在市场经济大潮中迷失了方向，在为什么人的问题上发生了偏差。因此，当代中国大众文化的伦理构建，必须坚持社会主义核心价值观的科学引领。

首先，社会主义核心价值观体现着社会文化的价值追求。形式永远为内容服务，真善美始终是文化作品的永恒价值追求，现时代文化创作和传播方式的多样化，并未改变文化作品关照现实，启迪心灵的创作本质。其次，社会主义核心价值观为文化作品提供了创作源泉。如爱国主义是社会主义核心价值观最核心的内容，也是几千年来文学创作的主题。那些拥有家国情怀的文艺作品，往往能够起到凝心聚力、鼓舞人心的作用，且会历久弥新。文化作品如果只是热衷于追逐"去思想化""去价值化""去历史化""去主流化"等潮流，长此以往，势必会失去生命力。最后，社会主义核心价值观为文化创作提供了价值标准。社会主义核心价值观既是全体中国人民的共同价值追求，也是人民群众现实生活的道德准则。实践证明，现时代大众文化作品只有向受众传递向善向上的价值观，只有"引导人们增强道德判断力和道德荣誉感，向往和追求讲道德、尊道德、守道德的生活"，才能获得人民大众的真心认可，才能触及人的灵魂，才具有存在的意义和价值。

此外，坚持社会主义核心价值观对大众文化的科学引领，最为核心的就是文化产品、文艺创作要坚持为人民服务、为社会主义事业服务这个根本方向。习近平在文艺座谈会上强调:"社会主义文艺,从本质上讲,就是人民的文艺。"① 事实证明,只有那些反映好人民心声的文化作品才是有生命力的,这就要求文化创作必须坚持为人民服务、为社会主义服务这个根本方向。用中国语言讲中国故事、发中国声音是党对文化战线提出的一项基本要求,也是决定我国文化事业前途命运的关键。以人民为中心的文化建设,就是要把满足人民精神文化需求作为文化和文化工作的出发点和落脚点,把人民作为文化作品表现的主体,把人民作为文化审美的鉴赏家和评判者,把为人民服务作为文化工作者的天职。人民群众从事的物质资料的生产为精神文化的生产创造了前提,任何科技、文化、艺术都来源于人民群众的生产实践和其他社会实践。其中,文艺作品以集中、典型的形象反映和表现社会生活。一切精神财富的最初源泉,都存在于人民群众的生活、实践中。

列宁曾强调指出,我们的文艺应当"为千千万万劳动人民服务";毛泽东同志在1942年的延安文艺座谈会上提出了"文艺为人民大众服务"的重要命题。人民是文化创作的源头活水,一旦离开人民大众的需求和实践,文化作品就会变成无根的浮萍、无病的呻吟、无魂的躯壳。改革开放以来,我们的文化工作在市场经济的大潮中,遇到了新挑战,出现了很多令人担忧的现象。比如,一些文艺创作没有把人民的冷暖、人民的幸福放在心中,也没有把人民的喜怒哀乐倾注在自己的笔端,坚定人们对美好生活的憧憬和信心,而是被市场同化甚至异化。一些低俗、庸俗甚至恶俗的作品,不断

---

① 《习近平总书记系列重要讲话读本》,学习出版社、人民出版社2016年版,第198页。

刺激着大众的神经，色情、暴力充斥文艺作品。比如，20世纪八九十年代，中国美术受西方艺术思潮的影响，在行为艺术、政治波普等方面出现了一些严重的问题。

总之，无论文化创作的方法有多少，其最根本、最关键、最牢靠的办法依旧是扎根人民、扎根生活。文化工作者应该以社会主义核心价值观为导向，用现实主义精神和浪漫主义情怀观照现实生活，用光明驱散黑暗，用美善战胜丑恶，让人们看到美好、看到希望、看到梦想就在前方。

二、构建当代中国大众文化的方法和路径

主流文化、中国传统文化和大众文化共同构建了当代中国文化的主要格局。虽然主流文化、中国优秀传统文化和大众文化在当代中国大众文化格局中所处的地位不同，但它们的发展方向和最终目的却是一致的，即实现当代中国伦理文化建设的和谐局面。主流文化是当代中国大众文化伦理构建的核心，决定了和谐伦理文化建设的伦理价值取向和目标；中国传统文化中的优秀成分为和谐伦理文化建设提供了丰富的道德资源；当代中国大众文化则为和谐伦理文化建设提供了多样的实现方式和途径。因此，主流文化、中国传统文化和大众文化是当代中国伦理文化建设的主要组成部分，这就需要我们用主流文化的伦理精神和道德内涵去引领大众文化，充分发挥中华传统美德对大众文化的约束作用，规避中国传统文化中的腐朽思想和大众文化的消极影响，进而将构建当代中国和谐大众文化落到实处。

（一）确立主流文化的主导地位

主流文化是一个社会、一个时代以国家意识形态为内核的文化

形式，它以意识形态教化为宗旨和归宿，其主要功能在于伸张政权的合法性，是凝聚国民最大程度共识的精神力量，承担着推动国家和民族生存发展的重任。不同时代、历史时期，主流文化不尽相同，如自汉武帝以后直至清朝末期，我国封建社会的主流文化始终是儒家文化；自中世纪直至文艺复兴时期，西方则一直以基督教文化为主流。我国正处于实现伟大复兴中国梦的历史进程中，中国特色社会主义文化是当代中国的主流文化。

主流文化处于文化建设的支配地位，通过意识形态向大众进行主流道德观、价值观和审美观的引导和教育。一般来讲，主流文化是借助官方的文化体制来组织生产和传播的，具有很强的权威性、政治性和价值导向性。主流文化的性质和地位决定了主流文化具有"大叙事"性特征。比如歌曲《春天的故事》，歌颂了中国改革开放的伟大壮举和邓小平同志作为党的总设计师的宏韬伟略。还比如，近期以时代主旋律为创作中心的主流电影，已经成为我国现时代主流文化的重要组成部分。以《云水谣》《建国大业》《集结号》《唐山大地震》《钢的琴》为代表的一系列主流电影，通过还原时代背景，讲述中国社会革命、建设和改革过程中，社会不同群体的价值选择。这些主流电影在国内外多次获奖的同时，更是引发了广大人民群众的情感共鸣和价值认同，取得了社会效益和经济效益的双重胜利。主流电影的成功，充分表明主流文化要想融入大众，得到大众的认同，发挥其在大众的生活理想、生活态度和生活方式选择中发挥实际引导作用，就要主动融入大众，加强与大众的沟通和对话，用老百姓乐于接受的形式讲述主流价值观，否则就会"曲高和寡"。因此，主流文化必须打破原有的文化形式藩篱，去除传统精英文化的束缚，充分运用电影、电视、流行歌曲、微博、微信、简书等大众文化的多样传播方式，使大众在感官上享受大众文化同等体验的同时，接受和认同主流价值观。

同时，主流文化还通过行政政策、法规条例对其他文化形态进行约束和引导各类型的大众文化，使之符合社会普遍的价值观和道德观，从而在多元文化的和谐共处中承担起价值引导功能。主流文化通过借用大众文化的形式，利用大众文化的影响，实现大众对自身的认知和认同，实现自身的凝聚力。我们看到的很多主旋律的电影就借用了大众文化的很多运作模式，取得了良好的效果。如电影《牛玉儒》就采用了广告宣传、电影首映礼、主创人员访谈录等大众文化运作模式，吸引了众多的观众走进影院。影片细致的讲述和演员精湛的表演，牛玉儒的先进事迹感动了无数的观众。通过牛玉儒的事迹，社会大众也受到了一次深刻的社会主义核心价值观教育。

当然，我们这里所说的以主流文化作为我国思想文化体系的主导，指的是坚持以主流文化引领和约束其他文化形态的发展方向和价值取向，最终实现的是各文化间的共同发展和繁荣。实践证明，多元文化共同发展是中国文化的重要特征。无论是孔子倡导的"和而不同"，还是《周易》坚持的"天下一致而百虑，同归而殊途"，① 其目的都是在主张思想文化的多元开放和兼容并蓄。正是在中国传统文化宽容精神的指导下，中国各家学派的思想相互吸收和融合，形成了世界文化史上唯一没有被中断的中华思想文化体系。与此同时，我们还应在主流文化的指引下，进一步加强与世界的文化交流。世界文明是全世界人民共同创造的成果，是人类共同智慧的结晶。

---

① 《周易·大传篇》。

我们在相互尊重、寻求共识的前提下，一方面充分借鉴和吸收西方优秀的文化成果，另一方面也要用外国人乐于接受的形式向他们介绍我们的主流文化，让世界了解真正的中国。

（二）继承和发扬中华民族优秀传统文化

中华民族优秀传统文化是中华民族的"根"和"魂"。中华民族是一个由五十多个民族构成的伟大民族，具有一脉相承而又与时俱进的精神传统。纵观世界发展史，我们可以看到，只有中华文明是世界古代文明中唯一始终没有中断、连续发展至今的文明。黑格尔曾说："假如我们从上述各国的国运来比较它们，那末，只有黄河、长江流过的那个中华帝国是世界上唯一持久的国家。征服无从影响这样一个帝国。"中国有着悠久的历史和丰富的传统文化。我国优秀的传统文化资源尤其是中华传统美德是构建当代中国伦理文化的重要精神之源。中国传统文化蕴含着深刻的道德内涵和伦理精神，为构建当代中国和谐伦理文化提供了宝贵的人文资源。如"仁、义、礼、智、信"等传统美德，作为几千年来中国大众处理人际关系的基本准则，突出体现了中国大众追求人与人、人与社会、人与自然的和谐的民族心理和民族品格。这些传统美德对于我们抵制大众文化发展过程中出现的道德失范现象有着积极的意义。比如，虚假广告就是由于"信"的缺失，网络暴力就是由于"礼"的缺失和对"义"的错误理解，与此类似的很多大众文化中出现的道德失范现象根本上可以归结为"仁"爱精神的缺失。"仁"爱精神的实质是关爱他人、关爱社会。如果大众文化工作者和参与者缺乏这种"仁爱"精神，则会导致其本身道德责任感的缺失，以及大众文化作品媚俗化和平面化的趋势加剧，从而使大众文化呈现出反权威、反传统、反永恒价值和反道德的文化表征。

在"文革"的十年浩劫中，很多中华传统美德，由于被认为是封建糟粕，而被打倒在地。这不仅动摇了中华传统美德在人们心目中的地位，同时也降低了中华传统美德对人们的影响程度。接下来的商品经济大潮，又使中国大众在经济利益和物质享受的诱惑下，对中华传统美德产生了怀疑，致使社会上的一部分人逐渐放弃了对中华传统美德的认可和追求。这就导致中国社会在某些方面出现了中华传统美德缺位和道德失范，引发了社会某些领域内出现价值观和道德观混乱的现象。中华传统美德缺位对大众文化领域所带来的影响表现为大众文化产品内容的媚俗，大众文化工作者社会责任感缺失和文化受众的审美趣味低下。比如，卧冰求鲤、扇枕温衾的故事传颂至今，"孝"德作为中华传统道德的核心，始终是维系个体家庭和中华民族健康发展的重要道德教化资源。但在现阶段的一些大众文化作品中，父母与子女之间的亲情关爱被冷冰冰的金钱关系所代替。还比如，婚外情、三角关系等不正常关系在一些大众文化作品中代替了中华传统美德中的相敬如宾和举案齐眉，成为大众文化作品吸引观众的噱头和卖点。

历史表明，中华民族的优秀传统文化尤其是中华民族的传统美德，经过几千年的发展，已经内化为中国大众的民族精神，这就意味着新的道德必须要与中国大众潜意识中的传统美德相衔接，才能生根成活，进而实现可持续发展。脱离中华传统美德的思想文化建设，必然是无根之木、无源之水。构建当代中国大众文化，就必须要对中华民族传统文化进行创造性转化和创新性发展。创造性转化，就是按照大众文化的运作模式，对那些至今仍有借鉴价值的内涵加以改造，赋予其新的内涵和时代特色，激发其新的生命力。比如，当代中国大众文化的发展为弘扬中华传统美德提供了多样的途径和方式。有关中华传统美德的动画片，就是通过鲜活的人物形象和生动的画面，让社会大众尤其是青少年儿童对尊老爱幼、见义勇为、关爱他人等一系列中华民族的传统美德有了进一步的了解和认识。还有电视剧《西游记》，让人们通过电视屏幕和生活化的语言，重温了传统文化经典的魅力，真切的体验了孙悟空的正义、唐僧的意志和猪八戒偶尔的小肚鸡肠。大众文化对中华民族优秀传统文化的创新性发展，就是在遵照时代进步和发展的前提下，对中华优秀传统文化的内涵加以补充、拓展和完善，比如大众文化对公民意识、正义、自由等价值观的表达，就实现了中华传统文化的创新性发展。可见，以中华传统美德为核心的中国传统优秀传统文化体现了中华民族的人生理念和价值关怀，是当前中国大众的道德呼唤和构建当代中国和谐伦理文化的重要内容和重要途径。

（三）提高社会大众的审美情趣和道德素质

现代社会，文化大众已经不仅是大众文化的被动接受者，更成为大众文化的参与者、评价者和创作者。文化大众的思想道德水平和审美情趣是影响大众文化发展方向的关键要素。高尚的伦理情感和道德情操必然培育出积极健康的道德人格和高层次的审美品位，而低俗的审美情趣则源于主体道德的缺失，如鲁迅所说，文化作品因为读者的不同而不同。当代中国的大众文化是市场经济发展和繁荣的产物，人民大众作为大众文化产品的主要享用者和消费者，其道德素质和审美情趣在一定程度上决定了大众文化产品的道德内涵和审美情趣。

由于"文化大革命"时期"左"倾教条主义的盛行，中国大众的思想和文化自由在很长一段时期内处于被禁锢的状态。十一届三中全会提出的"解放思想，实事求是"的口号，使中国大众从政治压抑的气氛中解脱出来。尤其是在市场经济大潮席卷中国大地的过程中，人们日益感到崇高的政治理想和道德追求是如此苍白，而当下的物质享受却是如此美妙。人们的生活方式和价值观念发生了重要的变化，原有的社会思想价值体系在新的社会历史背景下逐渐丧失其说服力，过去崇高的道德人格和道德偶像失落了神圣的光环，而变得软弱无力。而新的社会价值观体系却尚未建立。在这种情况下，社会出现了暂时的价值观紊乱和道德失范现象。社会的道德失范现象在文化范畴内体现为社会大众审美品位的降低，低级趣味的膨胀和对感官欲望的过度追求。但是，作为大众文化受众的中国大众，有着相对深厚的中国传统文化内涵和优秀的社会主义道德品质。虽然在社会转型期，社会中出现了一些由于大众道德素质缺失而导致的道德失范现象。但从总体上来讲，中国普通大众具有一定的道德素养，这也为提高当代中国大众的道德水平提供了可能。

　　大众性是当代中国大众文化最主要的特征之一，它打破了中国社会精英文化和主流文化一统江山的局面，满足人民大众日益增长文化需求的同时，推动了当代中国社会多元文化局面的形成和发展。当代中国大众文化是人民大众直接参与的文化，尤其是新世纪以来，伴随互联网、手机等大众传媒手段的广泛运用，人民大众已经成为当代中国大众文化产品的重要创作者和传播者。从最初的文字表达，到图片社交时代的来临，以及微信的全面应用将移动社交带入语音时代。伴随4G网络的普及，以"时长短、频率高"为特征的短视频逐渐成为主流的社交新形态。以网络直播和网络短视频这种新兴的互联网手段为例，网络空间给更多的大众提供了展示自身才华的平台。2016年2月，papi酱凭借变音器发布原创短视频内容而迅速走红网络，并随后获得1200万人民币融资。2016年7月，papi酱在斗鱼、百度、优酷等8个平台首次同时直播，在线峰值达2000万，累计有7435.1万人次观看，并获得了1.13亿个点赞。社交方式的转变使社会大众日益成为手持麦克风和摄像机的自媒体。相对于纸媒为主体的社会，"互联网+"时代对大众的道德素质和审美情趣提出了更高的要求。反之，大众主体自身道德素质也是影响当代中国大众文化健康发展的重要因素。

实践表明，提高大众的审美品位和文化趣味，最重要的就是要提高大众的道德水平。虽然一个人的审美趣味和审美能力的高低，取决于个体的文化程度、生活阅历和道德修养等诸多因素，但其决定因素则是具备高尚的道德情操和正确的是非善恶观念。提高大众的道德水平，对大众进行美德教育，可以净化人的心灵、陶冶人的情操和提升人的审美情趣，有助于当代中国大众文化的伦理构建。与此同时，人们也可以在道德教育过程中不断地汲取信念和力量，受到精神的鼓舞，走出"以洋为美，以俗为美，以丑为美"的审美误区，从而促进当代中国大众文化健康有序的发展。

（四）增强文化工作者的道德责任感

文化工作者作为大众文化产品的创作者和传播者，其本身的道德水平和伦理情感蕴含于大众文化作品之中。这也就使得大众文化作品所表达出来的伦理取向和道德情感，集中体现了文化创作者本人的是非善恶观念和人生态度。大众文化工作者的道德水平和审美品位决定了大众文化的内容，而大众文化作品所表达的人生态度和价值取向又体现了创作者的价值选择和道德判断。因此，当代中国大众文化的健康发展，既取决于文化大众本身的道德素质，也依赖于大众文化工作者的历史使命感和道德责任感的增强。

现时代，大众文化工作者包括大众文化产品的生产者、经营者、传播者等诸多参与大众文化运作的社会角色。当代中国大众文化的存在，其目的不仅在于满足社会大众的文化需求，还承载着社会主义道德教育的重要功能，具有一定的社会效益。文化工作者是人类灵魂的工程师，承担着塑造人的重任，这就要求他们必须要坚持道德操守、文化正义和道德人格。大众文化工作者也是文化工作者的重要组成成员，承担着与主流文化工作者和精英文化工作者同样的道德责任。凭借大众文化传播的迅捷，大众文化工作者凭借其独特的比较优势成为传播新时期社会道德风尚的重要组成力量。比如，一些明星通过回报社会、感恩社会，以塑造自己良好的公众形象，而其良好公众形象的确立又同时获得社会更广泛的认可。事实证明，在大众传播媒介空前发达而又个性张扬的现时代，明星群体的道德榜样示范作用可以得到无限放大。但明星作为商业社会的产物，获取巨额的商业利益也是其重要社会功能之一。这就使得有些明星在商业利益的驱使下，放弃了作为社会公众人物的道德原则和社会责任，迎合部分大众的低级趣味和娱乐需求，甚至将影响恶劣的行为和生活方式作为吸引大众眼球的资本。比如，个别娱乐明星出现了吸毒、打人、艳照门等诸多负面事件，给一些青少年甚至社会造成了严重影响。

网络、手机等新型大众文化传播媒介的出现，也使部分没有受过专业训练的普通大众成为大众文化工作者中的一员，大众文化工作人员队伍的准入机制的不健全，也在无形中造成了大众文化工作者整体道德水平的下降。比如，很多网友认为，芙蓉姐姐开启了中国的"网红时代"。……从而使不知情的表演者们被暴露在与他们的梦想无关的目光之下,成为新世纪'喜剧暴力'的牺牲品"①。此后,在各种媒体的强烈介入下,芙蓉姐姐从一个无名之辈迅速成为海内外关注的焦点人物。甚或由此产生一种观点:只要你能抓住和切中当下时代人们最敏感的神经末梢,只要你能抓住人们的眼球,转瞬即成为"网红"。

内因是决定事物存在和发展的根本性要素。全民狂欢时代的来临,要求我们必须对大众文化工作者进行必要的道德教育,完善大众文化工作者队伍的准入机制,不断增强大众文化工作者的道德水平和社会责任感。大众文化工作者要始终用现实主义精神和浪漫主义情怀关照现实生活,用光明驱散黑暗,用美和善战胜丑恶,要让人们看到美好、希望和梦想的实现,而不是感官盛宴后的空虚和无助。

(五)积极发挥大众传媒的社会伦理导向功能

工业化大生产是大众文化产生的基础,它一方面为大众文化提供了庞大的受众群体,另一方面也为大众文化提供了多样的大众传播手段。大众传媒是大众文化传播的基础,是大众文化产生和发展不可或缺的技术条件。当代社会的大众传媒一般可以从两个角度进行理解,其一是作为信息载体的大众传媒,也就是我们通常所接触到的报纸、杂志、电视、广播、网络等传播媒介。另一个则是作为社会组织机构存在的大众传媒,"是指专业性的、能够向社会大众大规模传播信息的组织,包括报社、杂志社、出版社、电台、电视台、网站以及媒介集团等。在这个意义上,大众传播

---

① 张柠:《2005 文化中国》,花城出版社 2006 年版,第 6 页。

就是专业化的媒介组织运用先进的传播技术和产业化手段,以社会上一般大众为对象而进行的大规模的信息生产和传播活动"[1]。大众传媒的兴起和发展与现代城市的发展和进步具有同构性,在这个意义上,大众传媒的发展水平已经成为衡量一个国家或地区,城市化水平、综合经济实力、科学技术水平、文化教育程度和精神文明是否进步的重要标志。

20世纪90年代以后,中国城市化进程不断加快,大众文化迅速发展,与大众文化相伴相生的大众传媒日益成为大众日常生活的重要组成部分。"无论是已成为普通家庭内景的电视机拥有量在中国城乡的惊人增长,还是在时间和空间维度及权限范围意义上不断扩大其领地的电视节目;无论是好戏连台、剧目常新的图书市场,还是乍冷乍热、令人乐此不疲的电影、影院与明星趣闻;无论是电台里面目一新种类繁多的直播节目,还是林林总总的热线与专线电话;无论是耳熟能详、朗朗上口的电视、电台广告,还是触目可见的海报、灯箱、广告牌、公共汽车厢体上诱人的商品'推荐'与商城'呼唤';无论是不断改写、突破着都市天际线的新建筑群落间并置杂陈的准仿古、殖民地或现代、后现代的建筑风格,还是向着郊区田野伸展的度假村和别墅村"[2] 都充分体现了当代中国大众传媒向人们日常生活的不断渗透和拓展。现代大众传媒已经成为人们感觉器官的延伸、获取信息的主要途径和重要的生活方式。

现代信息产业的发展,使大众传媒既具备了满足人情感需要的娱乐功能,也拥有了操纵、调整、规范和控制大众行为的诸多功

---

[1] 郭庆光:《传播学教程》,中国人民大学出版社1999年版,第111页。
[2] 戴锦华:《隐形书写——90年代中国文化研究》,江苏人民出版社1999年版,第1页。

能。大众传媒能够通过自身独特的方式为社会制造名人、推出明星。明星和名人一般具有极强的社会号召力和影响力，他们的行为和生活方式往往成为人们关注和模仿的对象。大众传媒既通过包装制造名人和明星来影响大众，也利用其无所不在的优势，不断制造社会热点，吸引大众注意力，引导社会舆论的方向，形成一定的舆论环境，影响和制约人们的行为。比如很多流行语、流行时尚、休闲方式，甚至很多生活模式等都来源于大众传媒。因此，如果对大众传媒的社会导向和规范功能缺乏有效的监督和调节，则会导致一些社会糟粕或不健康的个体行为成为社会流行，进而诱发一系列社会病症。

最近流行的一系列明星选秀、平民造星运动等电视节目，就给社会大众带来了巨大的负面影响。尤其是类似于"超级女声""超级男生""中国好声音"等商业选秀活动，为无数的少男少女编织了"一夜成名"的明星梦。而大众传媒娱乐圈潜规则的不断披露，又使得很多怀揣明星梦的年轻人，宁愿放弃道德底线，为之倾倒。此外，大众传媒狂轰滥炸式的信息灌输，也会导致大众的精神麻木和认识世界的间接化、表面化。如充斥于电视媒体中滚动播出的商业广告，就会让人产生强烈的反感，有人调侃，"严禁广告中间插播电视剧"；而同一广告在不同时段和不同媒体的重复播出，则会导致大众的审美疲劳，从而对广告所代言的商品麻木。

针对大众传媒发展过程中存在一些道德失范问题，20世纪90年代以后出现了一门新兴的应用伦理学科，即传媒伦理学。传媒伦理学作为一门新兴学科，不是伦理学与传播学的简单拼凑，而是将社会的普遍伦理观运用到大众传媒文化，通过提高大众媒体的社会责任感和约束大众媒体的行为，从而使大众传媒承担起一定的道德教化和社会道德风尚引领的社会责任。自由、责任、正义和诚信等道德原则是构成大众传媒伦理的最主要准则。自由是大众传媒发挥社会监督作用的前提和基础，责任和诚信是大众传媒进行信息传递的基本要求，正义则是贯穿大众传媒过程的主旨。大众传媒是当今时代最重要的信息传播和信息获得载体，这就要求大众传媒一定要遵守大众传媒伦理的基本准则。如果大众传媒不断出现道德失范现象，则会给社会的健康发展带来严重的危害。比如，现在社会出现的很多记者、报纸和电视台等大众媒体收受贿赂，制作假新闻、说假话、做虚假广告，严重违背了大众传媒所应当承担的社会责任，甚至违反了法律。

大众传媒作为当代中国大众获取信息的最主要方式和途径，承担着重要的伦理价值导向功能和社会责任。这就要求我们必须将道德理性注入大众传媒当中，用道德理性来指导大众传媒，进而增强大众传媒的使命感和道德责任感，从而营造积极健康的社会舆论环境。改革开放的实践证明，如果大众传媒放弃道德理性的指导和道德承担，单纯为了获取经济利益而哗众取宠，对社会普遍恪守的价值原则和道德规范进行嘲弄和消解，必然会引起人们思想的混乱和社会文化失序。而如果大众传媒真正将道德智慧和道德理性贯彻始终，坚持道德操守和道德原则，切实承担起开启大众心灵、培育大众良知的责任，当代中国大众文化所追求的"寓教于乐"就能实现。

（六）加强大众文化中伦理导向机制建设

大众文化在我国是一种新兴的文化形态，虽然在近十几年来得到了迅速的发展，但还没有建立起比较规范的市场秩序，缺乏公认的道德标准和相应的制度体系保障。一些大众文化作品单纯追求感官刺激，迎合一些人的不健康心理，任莠为良、认丑为美，一味通过展示暴力和色情来获得高收视率和庞大发行量。甚至一些大众文化工作者为牟取暴利，丝毫不顾社会效益，粗制滥造，或者通过宣扬享乐主义、消费主义、物质主义、极端个人主义等消极伦理观来诱惑大众。近些年来，大众文化中流行的书籍排行榜、流行歌曲排行榜、影视剧的收视率和网络文章点击率就是典型的大众文化商业策略，但这些标准并不能真正说明大众文化作品的价值所在。约翰·芬特兰说过："要给畅销书的思想或社会效益做普遍性的结论，或者概括畅销书在文学上的价值是荒诞不经的。从具体内容上看，畅销书很难进行划一的界说。有文化垃圾，也有一些畅销书堪称精品。什么都可以上排行榜——即使是纯文学，只要销的出去。"①

针对当代中国大众文化存在的不道德甚至违法行为，完善的文化法制体系急需建立。道德理性和道德良知是维持现代社会可持续发展的重要力量和支柱，如果缺乏道德理性的指导和对人类良知的关注，法制将变成冷冰冰的监狱、警察和冷酷的刑罚，进而失去了其存在的真正意义。当代中国社会的法制建设需要道德良知，它是外在法律规范走向道德自律的内在依据。道德理性和社会法制建设之间的密切关系，要求我们必须积极调整文化立法和文化制度建立的思路。但基于历史和现实的各种原因，我国相关的文化法制体系还不健全，文化政策制定还具有一定的随意性。比如现有的文化立法中，有关文化管理方面的立法数量相对较多，而针对公共文化事务、文化道德规范以及规范文化工作者行为方面的立法还比较欠缺。

---

① 许文郁、朱元忠、许苗苗：《大众文化批评》，首都师范大学出版社2002年版，第163页。

如今，一线明星拍一部戏拿到几千万片酬，参加某档综艺节目能拿到几千万报酬，已经不是什么秘密和新闻。据报道，某些影片成本的一半甚至一半以上都用于明星演员的报酬，稀释剧本、导演、服装、化妆、道具、场景等方面支出的同时，也会导致部分大众影视文化作品粗制滥造。而如何解决"明星高薪"的问题，如果仅仅依靠市场杠杆的调节和相关文化政策的硬性约束是不够的，而是要将道德精神和伦理价值取向作为约束大众文化发展的重要力量，同时也将道德理性和道德规范作为当代中国大众文化建设的核心和出发点。

首先，对大众文化市场进行道德引导和法制约束。随着我国文化体制改革的不断推进，文化产业兴旺发达，大众文化市场逐渐发展起来。我国的大众文化市场相对于西方来讲还很不成熟，存在着一些道德失范现象。这些道德失范问题的解决，既需要采用硬性的法制手段、行政制度手段，也需要软性的道德规范手段。只有这样，才能保证我国大众文化市场的健康有序发展。运用行政手段和法制手段相结合的方式对大众文化市场进行规范，最关键的是加强法制建设，加大监督、管理大众文化市场的力度。

比如，我国目前实施的影视作品审批制，就是通过行政手段对所有的文化作品进行品评和规约。我国播出的电影和电视剧，其拍摄和制作都要接受审批和备案，其目的是确保文化作品尤其是大众文化作品的内容和形式符合社会的主流价值要求。当然，如果试图从源头上根本解决我国大众文化市场存在的不规范现象，则需要通过道德教育、道德批评和道德舆论压力等软性手段，切实提高大众的道德素质和大众文化工作者的道德水平及社会责任感。从而提高大众的审美品位和大众文化产品的质量。从这个意义上来讲，制度化、法制化且具有很强可操作性的文化道德规范已经成为我国文化法制建设的迫切需要。

其次，借助大众文化批评、大众传媒等社会力量对大众文化作品进行监督和管理。将有助于充分发挥社会普遍道德规范和道德理性的规导作用，保证我国大众文化的健康发展。道德批评和社会舆论是对大众文化进行监督的重要手段和理论维度。大众文化批评家多是社会良知和正义的代言人。他们新鲜活泼且切中时弊的批评一方面能使大众文化工作者警醒，深刻地意识到大众文化作品的问题所在。另一方面也能够使社会大众在大众文化批评的指引下，认清大众文化作品的实质。大众文化批评家的理论批评从某种意义上给大众文化生产者和大众传媒构成一定的社会舆论压力，从而约束了二者的行为。现代社会存在的大众文化市场评估团和一批具有文化正义感的大众文化批评家通过道德批评和社会舆论对大众文化进行监督和引导，是一种积极的文化活动，它不仅能够监测和督促大众文化工作者的行为，还可以有效地克服大众传媒本身的缺陷，弥补大众文化的不足。

最后，正确的文化体制、文化政策和文化发展战略，是当代中国大众文化健康发展的重要保证。改革开放30多年，我国已经成为世界公认的最开放的经济体之一，与此同时，我国也正在成为世界上最开放的文化体之一。这就意味着，我国的文化制度和政策建设进入了快速的调整期，原有的很多文化政策和制度已经不再适应当代中国文化尤其是大众文化的发展要求，这就要求我们的文化制度和政策要针对国内的发展逻辑和国际的文化发展态势做出相应的调整。如李安导演的电影《色戒》的播出，对中国电影文化审批制度中一直避讳的中国电影分级制提出了严重的挑战。

正确的文化体制、文化政策和文化发展战略的制定以及当代中国大众文化可持续发展的实现，要求我们在文化瞬息万变的全球化浪潮下必须保持清醒的头脑和清晰的思路，这就使有效的道德理性指导和道德规范约束的介入变得不可或缺。道德理性和道德规范对当代大众文化相关制度和政策的介入，有助于增强文化政策制定者和实施者的社会责任感和道德敏锐性，从而可以有效地约束和指导他们的行为。此外，美国等一些发达国家在文化规制方面取得的成熟经验，对我国大众文化的机制建设也具有重要的借鉴意义。

总之，当代中国大众文化是市场经济大潮下产生并发展起来的，具有鲜明的中国特色。我们在进行当代中国大众文化建设的过程中，一定要从现实出发，以道德理性为指导，以社会主义核心价值观为引领，以社会主义道德规范为约束，构建符合当代中国大众文化发展的有效伦理机制。

参考文献

一、中文文献

（一）著作

1. 《习近平总书记系列重要讲话读本》，学习出版社、人民出版社2016年版。

2. 《习近平谈治国理政》，外文出版社2014年版。

3. 蔡尚伟：《影视传播与大众文化——文化工业时代的影视方法论》，四川大学出版社2005年版。

4. 蔡铮云：《另类哲学：现代社会的后现代文化》，上海人民出版社2006年版。

5. 车铭洲：《现代西方思潮概论》，北京：高等教育出版社2001年版。

6. 陈法根：《心灵的秩序——道德哲学理论与实践》，复旦大学出版社1998年版。

7. 陈刚：《大众文化与当代乌托邦》，作家出版社1996年版。

8. 陈筠泉、刘奔：《哲学与文化》，中国社会科学出版社1996年版。

9. 陈灵强：《多维视野中的大众文化》，浙江大学出版社2007

年版。

10. 崔欣、孙瑞祥：《大众文化与传播研究》，天津人民出版社 2005 年版。

11. 樊浩：《伦理精神的价值生态》，中国社会科学出版社 2001 年版。

12. 冯俊等：《后现代主义哲学讲演录》，商务印书馆 2005 年版。

13. 傅守祥：《审美化生存——消费时代大众文化的审美想象与哲学批判》，中国传媒大学出版社 2008 年版。

14. 高亚春：《符号与象征——波德里亚消费社会批判理论研究》，人民出版社 2007 年版。

15. 高兆明：《伦理学理论与方法》，人民出版社 2005 年版。

16. 葛晨虹：《人性论》，中国青年出版社 2001 年版。

17. 葛晨虹：《中国特色的伦理文化》，河南人民出版社 2003 年版。

18. 龚群：《道德乌托邦的重构——哈贝马斯交往伦理思想研究》，商务印书馆 2003 年版。

19. 顾铮：《现代性的第六张面孔》，上海人民出版社 2007 年版。

20. 郭庆光：《传播学教程》，中国人民大学出版社 1999 年版。

21. 何建平：《好莱坞电影机制研究》，上海三联书店 2006 年版。

22. 胡继华：《后现代语境中伦理文化转向》，京华出版社 2005 年版。

23. 扈海鹂：《解读大众文化—在社会学的视野中》，上海人民出版社 2003 年版。

24. 黄会林主编：《当代中国大众文化研究》，北京师范大学出版社 1998 年版。

25. 贾明：《现代性语境中的大众文化》，上海人民出版社 2007 年版。

26. 姜华：《大众文化理论的后现代转向》，人民出版社 2006 年版。

27. 蒋原伦：《媒体文化与消费时代》，中央编译出版社 2004 年版。

28. 焦国成：《传统伦理及其现代价值》，教育科学出版社 2000 年版。

29. 解思忠：《盛世危言——民风求疵录》，中国档案出版社 1994 年版。

30. 金民卿：《大众文化论——当代中国大众文化分析》，中共中央党校出版社 2002 年版。

31. 金元浦主编：《跨世纪的文化变革》，首都师范大学出版社 2001 年版。

32. 李建华：《道德情感论》，湖南人民出版社 2001 年版。

33. 李鹏程：《当代西方文化研究新词典》，吉林人民出版社 2003 年版。

34. 厉以宁：《消费经济学》，人民出版社 1984 年版。

35. 刘登阁：《全球文化风暴》，中国社会科学出版社 2000 年版。

36. 刘自雄、闫玉刚：《大众文化通论》，中国广播电视出版社 2007 版。

37. 陆扬、王毅：《大众文化与传媒》，上海三联书店 2000 年版。

38. 陆扬、王毅：《文化研究导论》，复旦大学出版社 2008 年版。

39. 陆扬、王毅选编：《大众文化研究》，上海三联书店 2001 年版。

40. 陆扬：《大众文化理论》，复旦大学出版社 2008 年版。

41. 陆扬：《文化研究概论》，复旦大学出版社 2007 年版。

42. 罗刚、刘象愚主编：《文化研究读本》，中国社会科学出版社 2000 年版。

43. 罗国杰：《伦理学》，人民出版社 1989 年版。

44. 毛泽东：《毛泽东选集》，人民出版社 1991 年版。

45. 孟鸣歧：《大众文化与自我认同》，江西教育出版社 2005 年版。

46. 欧阳宏生、陈笑春、王安中：《电视批评：理论、方法、实践》，四川大学出版社 2007 年版。

47. 潘知常、林玮：《大众传媒与大众文化》，上海人民出版社 2002 年版。

48. 沈致隆、齐东海：《音乐文化与音乐人生》，北京大学出版社 2007 年版。

49. 石毓彬：《当代西方著名哲学家评传》，山东人民出版社 1996 年版。

50. 舒扬：《当代文化的生成机制》，中央编译出版社 2007 年版。

51. 宋希仁：《西方伦理思想史》，中国人民大学出版社 2004 年版。

52. 孙英春：《大众文化——全球传播的范式》，中国传媒大学出版社 2005 年版。

53. 陶东风：《大众文化教程》，广西师范大学出版社 2008 年版。

54. 陶东风等主编：《文化研究》第三辑，天津社会科学出版社 2002 年版。

55. 陶东风等主编：《文化研究》第一辑，天津社会科学出版社 2000 年版。

56. 陶辛：《流行音乐手册》，上海音乐出版社 1998 年版。

57. 万俊人：《思想前沿与文化后方》，东方出版社 2002 年版。

58. 王小锡：《伦理与社会》，江苏人民出版社 1998 年版。

59. 王一川：《大众文化导论》，高等教育出版社 2004 年版。

60. 王岳川、尚水：《后现代主义文化与美学》，北京大学出版社 1992 年版。

61. 王治河：《后现代主义词典》，中央编译出版社 2005 年版。

62. 吴潜涛：《伦理学与思想政治教育》，河南人民出版社 2003 年版。

63. 夏光：《后结构主义思潮与后现代社会理论》，社会科学文献出版社 2003 年版。

64. 夏伟东：《道德本质论》，中国人民大学出版社 1990 年版。

65. 肖群忠：《伦理与传统》，人民出版社 2006 年版。

66. 徐鸣放等：《审美文化新视野》，中国社会科学出版社 2008 年版。

67. 徐瑞青：《电视文化形态论——兼议消费社会的文化逻辑》，中国社会科学出版社 2007 年版。

68. 许荣：《中国中间阶层文化品位与地位恐慌》，中国大百科全书出版社 2007 年版。

69. 许文郁、朱元忠、许苗苗：《大众文化批评》，首都师范大学出版社 2002 年版。

70. 尹世杰：《消费文化学》，湖北人民出版社 2002 年版。

71. 于文秀等：《当下文化景观研究》，人民出版社 2007 年版。

72. 曾遂今：《音乐社会学概论》，文化艺术出版社 1997 年版。

73. 张岱年：《文化与哲学》，中国人民大学出版社 2006 年版。

74. 郑祥福，叶晖，陈来仪：《大众文化时代的消费问题研究》，中国社会科学出版社 2008 年版。

75. 郑祥福：《文化批判与后现代马克思主义》，中国社会科学出版社 2008 年版。

76. 周宪：《文化表征与文化研究》，北京大学出版社 2007 年版。

77. 周宪：《文化研究关键词》，北京师范大学出版社 2007 年版。

78. 朱希祥：《当代文化的哲学阐释》，华东师范大学出版社 2006 年版。

79. 朱贻庭：《当代中国道德价值导向》，华东师范大学出版社 1994 年版。

80. 竹立家：《道德价值论》，中国人民大学出版社 1998 年版。

81. ［德］马克思、恩格斯：《马克思恩格斯全集》，人民出版社 1979 年版。

82. ［德］恩格斯：《自然辩证法》，人民出版社 1984 年版。

83. ［德］霍克海默、阿多诺：《启蒙辩证法》，渠敬东、曹卫东译，上海人民出版社 2003 年版。

84. ［德］弗里德里希·尼采：《权力意志——重估一切价值的尝试》，张念东、凌素心译，中国人民大学出版社 2005 年版。

85. ［德］阿多诺：《否定的辩证法》，张峰译，重庆出版社1989年版。

86. ［德］格罗塞：《艺术的起源》，蔡慕晖译，商务印书馆1984年版。

87. ［英］史蒂文·康纳：《后现代主义文化——当代理论导刊》，严忠志译，商务印书馆2002年版。

88. ［英］约翰·斯道雷：《文化理论与通俗文化导论》，杨竹山、郭发勇、周辉译，南京大学出版社2001年版。

89. ［英］戴维·罗宾逊：《尼采与后现代主义》，程炼译，北京大学出版社2005年版。

90. ［英］斯特里纳蒂：《通俗文化理论导论》，阎嘉译，商务印书馆2001年版。

91. ［英］尼克·史蒂文森：《认识媒介文化》，王文斌译，商务印书馆2001年版。

92. ［英］安东尼·吉登斯：《社会的构成》，李康译，上海三联书店1998年版。

93. ［英］安东尼·吉登斯：《现代性与自我认同》，赵旭东、方文译，上海三联书店1998年版。

94. ［英］安东尼·吉登斯：《现代性的后果》，田禾译，译林出版社2000年版。

95. ［英］戴维·哈维：《后现代的状况——对文化变迁之缘起的探究》，阎嘉译，商务印书馆2003年版。

96. ［英］齐格蒙特·鲍曼：《现代性与大屠杀》，杨渝东、史建华译，译林出版社2002年版。

97. ［英］齐格蒙特·鲍曼：《后现代伦理学》，张成岗译，南京：江苏人民出版社 2003 年版。

98. ［英］齐格蒙特·鲍曼：《后现代性及其缺憾》，郇建立、李静韬译，学林出版社 2002 年版。

99. ［英］克里斯托夫·霍洛克斯：《鲍德里亚与千禧年》，王文华译，北京大学出版社 2005 年版。

100. ［英］安吉拉·默克罗比：《后现代主义与大众文化》，田晓菲译，中央编译出版社 2001 年版。

101. ［英］迈克·费瑟斯通：《消费文化与后现代主义》，刘精明译，译林出版社 2001 年版。

102. ［英］迈克·费瑟斯通：《消解文化——全球化、后现代主义与认同》，杨渝东译，北京大学出版社 2009 年版。

103. ［英］丹尼·卡瓦拉罗：《文化理论关键词》，张卫东、张生等译，江苏人民出版社 2006 年版。

104. ［英］西莉亚·卢瑞：《消费文化》，张萍译，南京大学出版社 2003 年版。

105. ［英］尼克·史蒂文森：《认识媒介文化》，王文斌译，商务印书馆 2001 年版。

106. ［英］马文·哈里斯：《文化人自然——普通人类学导引》，顾建光、高云霞译，杭州：浙江人民出版社 1992 年版。

107. ［英］阿兰·斯威伍德：《大众文化的神话》，冯建三译，上海三联书店 2003 年版。

108. ［英］本·海默尔：《日常生活与文化理论导论》，王志宏译，商务印书馆 2008 年版。

109. ［英］史蒂文·卢克斯：《个人主义：分析与批判》，朱红文译，中国广播电视出版社 1993 年版。

110. ［美］约翰·费斯克：《理解大众文化》，杨全强、王晓珏、宋伟杰译，中央编译出版社，2001年版。

111. ［美］约翰·费斯克：《解读大众文化》，南京大学出版社2001年版。

112. ［美］丹尼尔·贝尔：《资本主义文化矛盾》，赵一凡译，上海三联书店1989年版。

113. ［美］大卫·理斯曼：《孤独的人群》，王崑、朱虹译，南京大学出版社2002年版。

114. ［美］詹明信：《晚期资本主义的文化逻辑》，陈清侨等译，上海三联书店1997年版。

115. ［美］弗雷德里克·杰姆逊：《后现代主义与文化理论》，唐小兵译，北京大学出版社1997年版。

116. ［美］马克·波斯特：《信息方式：后结构主义与社会语境》，范静哗译，商务印书馆2000年版。

117. ［美］马克·波斯特：《第二媒介时代》，范静哗译，南京大学出版社2000年版。

118. ［美］道格拉斯·凯尔纳、斯蒂文·贝斯特：《后现代理论——批判性的质疑》，张志斌译，中央编译出版社2004年版。

119. ［美］赫伯特·马尔库塞：《单向度的人》，刘继译，世纪出版集团2008年版。

120. ［美］理查德·布茨：《美国受众成长记》，王瀚东译，华夏出版社2007年版。

121. ［美］丹尼尔·贝尔：《资本主义文化矛盾》，赵一凡等译，上海三联书店1989年版。

122. ［美］拉里·A.萨默瓦、理查德·E.波特：《跨文化传播》，闵惠泉、王纬、徐培喜等译,中国人民大学出版社 2004 年版。

123. [美] 斯蒂芬·贝斯特、道格拉斯·科尔纳:《后现代转向》,陈刚译,南京大学出版社 2002 年版。

124. [美] 丹尼尔·切特罗姆:《传播媒介与美国人的思想——从莫尔斯到麦克卢汉》,黄静生、黄艾禾译,中国广播电视出版社 1991 年版。

125. [美] 曼纽尔·卡斯特:《网络社会的崛起》,夏铸九、王志弘等译,社会科学文献出版社 2001 年版。

126. [法] 皮埃尔·布尔迪厄:《文化资本与社会炼金术》,包亚明译,上海人民出版社 1997 年版。

127. [法] 路易·多洛:《个体文化与大众文化》,黄建华译,上海人民出版社 1987 年版。

128. [法] 让·鲍德里亚:《消费社会》,刘成富、全志钢译,南京大学出版社 2001 年版。

129. [法] 鲁尔·瓦纳格姆:《日常生活的革命》,张新木、戴秋霞译,南京大学出版社 2001 年版。

130. [法] 让·利奥塔:《后现代道德·导言》,莫伟民等译,学林出版社 2000 年版。

131. [澳] 约翰·多克:《后现代主义与大众文化》,吴松江、张天飞译,沈阳:辽宁教育出版社 2001 年版。

132. [苏联] 苏霍姆林斯基:《把整个心灵献给孩子们》,唐其慈等译,天津人民出版社 1969 年版。

(二) 期刊文章

1. 习近平:《培育和弘扬社会主义核心价值观》(2014 年 2 月 24 日),见《习近平谈治国理政》,外文出版社 2014 年。

2. 习近平：《青年要自觉践行社会主义核心价值观》（2014年5月4日），见《习近平谈治国理政》，外文出版社2014年。

3. 习近平：《中华优秀传统文化是中华民族的精神命脉》（2014年10月15日），《坚持以人民为中心的创作导向 创作更多无愧于时代的优秀作品》，载《人民日报》，2015年10月16日。

4.《关于培育和践行社会主义核心价值观的意见》，见《十八大以来重要文献选编》（上），中央文献出版社2014年。

5. 陈奇佳：《多元主义立场旨趣辨微——在尼采与当代多元主义思潮之间》，载《文化研究》2005年第1期。

6. 崔斌箴：《论广告的道德负面影响及其规范》，载《上海大学学报》（社会科学版）2003年第5期。

7. 段钢：《大众娱乐与伦理建设》，载《道德与文明》2007年第3期。

8. 葛晨虹：《和谐两种理性文化》，载《江苏社会科学》2005年第3期。

9. 葛晨虹：《民族精神在全球化时代的定位和走向》，载《理论与现代化》2006年第2期。

10. 管宁、谭雪芳：《大众传媒视野下的现代文学——以现代通俗小说与散文文体变革为考察中心》，载《中山大学学报》（社会科学版）2008年第3期。

11. 胡铁强：《后现代语境下的影视文化》，载《贵州民族学院学报》（哲学社会科学版）2006年第3期。

12. 黄耀红：《文学教育的价值追求与理念建构》，载《湖南城市学院学报》2007年第1期。

13. 蒋原伦：《大众文化的兴起与纯文学神话的破灭》，载《文艺研究》2001年第5期。

14. 李俊文：《网络时代的伦理问题及其应对》，载《思想教育研究》2008年第7期。

15. 李涛：《网络社会伦理：一种基于责任伦理的建构》，载《道德与文明》2007年第1期。

16. 刘晓琴：《浅谈广告伦理道德和社会责任》，载《广告大观综合版》2006年第10期。

17. 陆晓禾：《"超女"与伦理学研究：一些启示和值得研究的问题》，载《道德与文明》2007年第3期。

18. 罗宏：《马克思究竟是怎样看待艺术生产的》，载《文艺理论与批评》2005年第4期。

19. 曲春景：《观众的伦理诉求与故事的人文价值》，载《上海大学学报》（社会科学版）2007年第3期。

20. 邵瑞馨：《大众文化的娱乐功能与教化功能》，载《道德与文明》2007年第3期。

21. 童世骏：《从文化、经济和社会背景看大众文化与伦理学研究》，载《道德与文明》2007年第3期。

22. 汪怀君：《试析现代家庭伦理关系的嬗变》，载《前沿》2005年第11期。

23. 王爱松：《大众化与化大众》，载《南京大学学报》1996年第6期。

24. 杨海涛：《现代广告文化的阐释及其功能》，载《内蒙古财经学院学报》1996年第3期。

25. 杨恒达：《尼采与后现代性》，载《外国文学》2004年第6期。

26. 杨万江：《论影视文化的德育效应》，载《求索》2003 年第 5 期。

27. 余玉花：《偶像应具有的内质》，载《道德与文明》2007 年第 3 期。

28. 於可训：《文学的流行与流行文学》，载《南方文坛》2001 年第 4 期。

29. 曾毅，黄力黎：《浅谈艺术商品》，载《社会科学家》2007 年第 6 期。

30. 张芳德：《从物品消费到符号消费——鲍德里亚消费文化理论研究之二》，载《湖北民族学院学报》（哲学社会科学版）2008 年第 2 期。

31. 张金花、高爱华：《广告道德的功能》，载《经济论坛》2000 年第 7 期。

32. 张文杰、姜素兰：《网络发展带来的伦理道德问题》，载《北京联合大学学报》1998 年第 3 期。

33. 张之沧：《后现代的伦理观》，载《江苏社会科学》2000 年第 6 期。

34. 赵继伦：《当代中国大众文化的道德追寻》，载《道德与文明》1999 年第 3 期。

35. 赵修义：《关注流行文化的伦理内涵》，载《道德与文明》2007 年第 3 期。

36. 郑根成：《论广告道德及其建设》，载《株洲工学院学报》2004 年第 3 期。

37. 郑洁：《网络社会的伦理及构建》，载《学术论坛》2008 年第 12 期。

38. 周成龙：《网络文化的时代特征及其伦理意蕴》，载《兰州学刊》2009年第1期。

39. 朱贻庭：《伦理学应走近大众——"超女"文化的伦理透视和伦理联想》，载《道德与文明》2007年第3期。

40. ［美］R.舒斯特曼：《通俗艺术对美学的挑战》，载《国外社会科学》1992年第5期。

二、英文文献

1. Kellner, Douglas, Media Culture, London and New York: Rouldge, 1995.

2. Alan Swingewood: *The Myth of Mass Culture*, London, 1977.

3. Jean Baudrillard, *The Illusion of the End*, Cambridge: Polity Press, 1994.

4. Kidd, Warren, *Culture and Identity*, Palgrave, 2002.

5. McLennan, Gregor, *Sociology after postmodernism*, inaugural address, Faculty of Social Sciences Occasional Papers, Massey University, Palmers Bag, New Zealand, 1992.

6. Osborne, Peter, *Philosophy In Culture Theory*, London and New York: Rouldge, 2000.

7. Ross, Andrew, *No Respect: Intellectual and Popular Culture*, New York: Rouldge, 1999.

后　记

年少时，曾在王国维先生的《人间词话》中读到，"古今之成大事业、大学问者，罔不经过三种之境界：'昨夜西风凋碧树，独上高楼，望尽天涯路。'此第一境也。'衣带渐宽终不悔，为伊消得人憔悴。'此第二境也。'众里寻他千百度，蓦然回首，那人正在灯火阑珊处。'此第三境也。"① 回首二十余年的求学经历，自身愚钝，虽也尽心尽力，但仍觉身处求学第一境之初。

十几年前，我如愿考入梦寐以求的中国人民大学哲学院攻读伦理学专业。人大深厚的文化底蕴、浓郁的人文氛围和前沿的研究理念为我提供了更为广阔的发展空间。工作六年后，我又来到北京师范大学马克思主义学院进行博士后研究工作。博士后的工作和学习，让我有机会整理思绪，重新回到研究状态，踏实读书。同时，博士后的研究工作也为我打开了一扇窗，让我有机会去感受思想政治教育学科的魅力。

此书以本人博士论文为基础，经过多次修订完成。借书稿完成之机，衷心感谢导师中国人民大学哲学院葛晨虹教授，如果没有葛

---

① 王国维：《人间词话新注》，藤咸惠校注，齐鲁书社1982年版，第5页。

老师的悉心指导、细心批阅和宝贵建议，就没有学生博士论文的顺利完成；衷心感谢导师北京师范大学马克思主义学院王树荫教授，如果没有王老师的鼓励，就没有学生书稿的修订完成；衷心感谢清华大学马克思主义学院吴潜涛教授，吴老师对本书提出了诸多建议。"德高为师，身正为范"，老师们科学严谨的治学态度、正直豁达的人品、宽广仁厚的胸怀和无私奉献的精神，如春雨般浸润着弟子的成长，并将使我受益终生。

  书稿写作和修订过程中，宋希仁教授、冯刚教授、戴木才教授、曹刚教授、肖群忠教授、安云凤教授给我提出了许多宝贵意见。学术前辈的提携，师兄、师姐的关爱，师弟、师妹的支持是我前进的动力；家人的理解和承担，给了我不断坚持的理由。最后，特别感谢中央编译出版社的王丽芳老师为本书的出版付出了辛勤的劳动。

  书稿虽已暂时停笔，个人水平所限，致使书稿还有诸多有待完善之处，恳请同行专家、学者和广大读者惠于批评指正，以期在日后的学习和工作中，更加努力，尽量弥补此等遗憾。

贾雪丽
2016 年 9 月于首都图书馆